24,247

PALABRAS QUE NO ME PIDIERON, PERO SOY TERCA. ¡CUÉNTALAS!

GÉNESIS MERCADO

BALBOA.PRESS

A DIVISION OF HAY HOUSE

Puede hacer pedidos de libros de Balboa Press en librerías o poniéndose en contacto con:

Balboa Press
Una División de Hay House
1663 Liberty Drive
Bloomington, IN 47403
www.balboapress.com
844-682-1282

Debido a la naturaleza dinámica del Internet, cualquier dirección web o enlace contenido en este libro puede haber cambiado desde su publicación y puede que ya no sea válido. Las opiniones expresadas en esta obra son exclusivamente del autor y no reflejan necesariamente las opiniones del editor quien, por este medio, renuncia a cualquier responsabilidad sobre ellas.

El autor de este libro no ofrece consejos de medicina ni prescribe el uso de técnicas como forma de tratamiento para el bienestar físico, emocional, o para aliviar problemas médicos sin el consejo de un médico, directamente o indirectamente. El intento del autor es solamente para ofrecer información de una manera general para ayudarle en la búsqueda de un bienestar emocional y espiritual. En caso de usar esta información en este libro, que es su derecho constitucional, el autor y el publicador no asumen ninguna responsabilidad por sus acciones.

ISBN: 979-8-7652-4087-8 (tapa blanda)
ISBN: 979-8-7652-4088-5 (libro electrónico)

Información sobre impresión disponible en la última página.

Fecha de revisión de Balboa Press: 05/02/2023

CONTENIDO

INTRODUCCIÓN

Este libro ha estado previamente en mi mente y sueños antes que yo naciera, pero ahora te pertenece por tu derecho de libertad a elegir y buen juicio de decisión (me alegro de que así sea). Espero que este breve libro, práctico por naturaleza, lleno de consejos resultantes de vivencias de resiliencia, de pruebas y otros canalizados a través de una inmersión espiritual-angelical pueda generarte un impacto pequeño. Sí, no pido mucho porque no existe nada muy grande o pequeño, sino lo justo para ti. Es por eso que anhelo que estas palabras cambien tu vida para mejor como lo hizo con la mía. Los siguientes veintidós (22) consejos provinieron de un lugar de total preparación, conexión, observación y meditación con la Divinidad y los Arcángeles de la Luz. Si eres un buscador espiritual y crees en Dios, una Fuente Superior o en Reiki (Rei significa "la energía universal" y Ki "La Energía de la Fuerza de la Vida"), creo que esto te sentará muy bien. He plasmado cada palabra que verás aquí, he pasado no sé cuántas noches despierta casi a punto de amanecer, pero cada una ha valido más que la pena y en el caso de las imágenes, las he escogido para que puedas sentir y conectar con el escrito desde la portada hasta su final. Déjame darte razones por las que este libro es para ti:

1. He presenciado milagros de amor divino desde que vivo en este planeta llamado Tierra.
2. Sé que un cambio es posible para todo aquel que se comprometa con él.
3. Dios y mi equipo celestial me guiaron para escribir este libro.
4. Soy una creyente fiel de la vida más allá de lo evidente.
5. Yo misma he experimentado el progreso al aplicar estos consejos inspiradores, he conectado más con el don de la intuición, la clarisentencia entre otros y este libro me lo muestra.
6. Quiero que experimentes resultados positivos y sepas cuán poderoso puedes ser y realmente eres.
7. No creo en las coincidencias o casualidades, sino en las causalidades y sincronizaciones.

8. Quiero que estés consciente de la capacidad del cerebro humano y puedas aplicarla al máximo.

9. Hay más razones por las cuales etc, etc, etc...pero quiero que comiences ya a aprender un poco sobre mí para que decidas por qué y si merezco tu tiempo.

SOBRE EL AUTOR

"Sé la marca. No crees la marca. Si está tratando de crear una marca para usted, lo mejor es ser un representante en vivo de lo que quiere que sea esa marca. Los autores más populares de Hay House, como Louise Hay, Wayne Dyer y Doreen Virtue, encarnan su trabajo en sus interacciones diarias con las personas, por lo que no se crea una imagen, son solo ellos mismos y, a su vez, pueden expandir su alcance hacia la vida de las personas."
-Reid Tracy, Director General de Hay House

¡Hola Querida Gente!

¿Quién es Génesis Mercado? Bueno, quiero que sepas que soy una puertorriqueña (orgullosa de serlo) viviendo en Estados Unidos desde que decidí mudarme sola hace un tiempo con mis dos perros pequeños, peludos y protectores. Llegó en ese entonces una estudiante, una niña llena de mucha inocencia y sueños de convertirse en una gran actriz para años después, transformarse en una mujer, gran aprendiz y madre. Sí, correcto. Hoy día, soy madre (una de las mayores bendiciones de la vida, pero sé que no es fácil y que no hay un folleto exacto que te entreguen antes de ser mamá durante la juventud explicándote todos los cambios a experimentar). También, soy una mujer enamorada (sin amor no hay esperanza), Administradora de Empresas graduada de la Universidad de Puerto Rico, Instructora Certificada de Reiki Nivel I, II y Master, Consejera Angelical Certificada, estudiante activa en una escuela Mística, estudiante exitosa del taller Metamorfosis Emocional PLUS 2.0 dictado desde España y aprendiz en formación permanente de la Metafísica y Espiritulidad, una soñadora despierta, pero lo más importante, soy un ser humano, una pensadora profunda que está siempre en busca de respuestas y quiere ser realmente la mejor versión posible de sí misma sin importar a quién o qué la vida le presente. Soy practicante de la resiliencia y adaptabilidad, por eso quiero y espero que puedas unirte a mí en este hermoso viaje que llamamos vida a través de éste, tu libro ahora. Deseo que cada palabra te encuentre cuando menos la esperes, pero más la necesites.¡Así será! Repite lo último porque así será.

PRÓLOGO

¿Cómo nace el libro **24,247 PALABRAS QUE NO ME PIDIERON, PERO SOY TERCA. ¡CUÉNTALAS!**? Fundamentalmente, le debo esta creación a Dios, los Ángeles, mis Guías de Luz, también a mis ancestros ¿por qué no? a todos esos eventos que he vivido desde que nací, los cuales me han llevado a un proceso profundo de sanación, liberación, pero sobretodo de autoconocimiento para descubrir y conectarme con mi propósito de vida. Desde hace cuatro a cinco (4-5) años atrás aproximadamente, me habían dado indicaciones de escribir mi historia (me refiero a ellos los seres celestiales). Por momentos cuando veía las señales me emocionaba, pero no contaba con lo que cuento hoy día: madurez, enfoque, preparación, entendimiento, lecciones de vida, seguridad y esos cambios necesarios para reconocer los dones y compartirlos con el mundo. Luego de sobrevivir a una Iniciación Espiritual que ha traído y seguirá trayendo consigo mucho trabajo interno como externo, éste es el momento que se llama "El Llamado" para darle nacimiento y expandimiento a esos mensajes celestiales de los Ángeles, Maestros Ascendidos que quieren ser leídos, escuchados, vistos y sentidos. Así tal cual como nació ese deseo en mí de estudiar, observar, conectar, escuchar y nunca apagar esa energía llamada la Espiritualidad.

A mi amada abuela que fue, es y será siempre mi madre en la vida; Olga I. Morales, la matriarca de la familia Mercado. No te amo, ¡Te Adoro! A uno de mis ancestros queridos y veterano de guerra; Javier Mercado. También, al tesoro que Dios me dio para cuidar; mi bebé, a mi amor y mis dos perros que valoro y hacen parte esencial de mi día a día. ¡Los amo y los valoro!

1

LIMPIA TU ESPACIO

Es importante sentirse limpio y renovado. Como tu casa necesita limpieza, como las llantas de tu automóvil necesitan brillar, así es exactamente como necesitas limpiarte. Pausar lo que estás haciendo todos los días y por un momento reorganizar algo en tu espacio es importante. Así sea cambiar una foto del lado derecho y acomodarla en el izquierdo. Te sentirás bien. ¡Inténtalo! Algunos ejemplos de limpieza de tu espacio son los siguientes:

- **Ordena una o más áreas de tu espacio vital.** Puedes usar papel o un celular para escribir en tus notas y preparar unas alarmas u horario en la sección de los recordatorios. Dentro del plan o calendario, comienza a escribir qué área o áreas deseas despejar. Establécelo como una meta y escribe también un premio que te darás al finalizar de ti para ti por tu trabajo y esfuerzo. Al escribir todo eso y tener un recordatorio constante te invita a que hagas lo que dice allí. No importa si es una por una, lento o rápido, pero hazlo. ¡Te sentirás mejor y es por tu bien y hasta de los demás! Puedes crear una tabla con los días de la semana y escribir abajo qué quieres o puedes hacer por día. Es muy útil así y además organizado.
- **Enciende una vela o incienso.** Puedes elegir un color o fragancia que te recuerde o conecte contigo ese día. Por supuesto, intenta pensar en algo positivo si te sientes agotado(a) o con la batería baja en ese momento. Pista: Puede ser cualquier pensamiento positivo y si no te es posible, reemplázalo con una palabra que te guste y colócala en tu mente por un par de segundos hasta que puedas verla, en otras palabras, establece una intención antes. Entre los inciensos que te recomiendo están: el de **salvia blanca,** conocido por su efecto purificador y relajante. Otro que te recomiendo es el de **los**

siete arcángeles, tiene una mezcla de aromas fantásticos que a su vez ayudan a calmar los humores. Por último, el incienso de **palo santo** es muy agradable con su olor amaderado. Funciona como repelente de mosquitos y armoniza el ambiente, además de reducir el estrés porque activa los sensores de relajación del cuerpo cuando su aroma es inhalado. Un dato curioso que quizás no conoces sobre el incienso: al uno entrar a veces a su espacio/casa no sintiéndose de la mejor manera, también cuando uno invita a alguien a su espacio o no vive solo, hay energías que se acumulan porque las personas cambiamos de humor y emociones constantemente consciente o inconscientemente. Por eso es importante limpiar regularmente con incienso las esquinas de las paredes y puertas donde estas energías bajas son expertas quedándose. Este es un consejo dentro de otro, pero tienes la opción de obviar esta parte con el incienso. Haz lo que te haga sentir cómodo (a).

- **Añade agua bendita a tu espacio.** Puedes conseguir Agua Bendita en un par de lugares como farmacias, mini tiendas religiosas, en línea, etc. Si no te gusta así o no cuentas con mucho tiempo para salir, déjame ponértelo más fácil. En internet, puedes encontrar tutoriales de cómo hacerla tú mismo(a). Es fácil, rápido y solamente necesitas tan pocos ingredientes como agua y sal. Una pista: el agua puede ser purificada, de manantial, del mar o directamente de un día de lluvia. ¡Eso es!

Comentarios/Planes Para Mí:

_____

_____

_____

_____

_____.

2

MIRA MÁS ALLÁ DE LO OBVIO

A veces y algunas otras tenemos las respuestas justo frente a nosotros, pero en nuestra mente curiosa como ese gato que creemos tiene una quinta pata, pues asimismo ante nuestro parecer, necesitamos la lámpara de Aladino para descifrar cada paso que damos. Si solo, confiando en nuestro instinto y a través del amor nos permitiéramos guiarnos, lo incierto no luciría tan mal. Silencia ese ego. Algunos ejemplos de cómo mirar más allá de lo obvio pueden ser los siguientes:

- **Orar.** Puedes empezar haciendo una oración. Por ejemplo, puedes decir: Dios o Energía Superior en la que crees, gracias por tu misericordia. Parece que no puedo ver muy claramente en este momento, te pido que me muestres lo que necesito ver y hacer. Gracias y Amén. O también puedes decir algo como: Yo, (Aquí va tu nombre), das gracias y entonces, pídele a la Luz, al Padre, a la Claridad que te ayude y permita mirar más allá de lo obvio en eso (di lo que quieres/necesitas). Gracias, Amén o Namaste, etc... Una pista: Lo más importante es usar las palabras correctas (agradecer, luego expresar lo que no ves y luego lo que quieres tener o ver respectivamente, agradeces, cierras y/o decretas). Así reconoces que a veces no puedes solo(a) y eso no es nada malo. Siempre comienza y termina agradeciendo. ¿por qué? Piensa cuando vas a un lugar y te abren la puerta, piensas en dar gracias primeramente porque te han ayudado. Lo mismo pasa cuando conectamos con la Divinidad, hay que comenzar dándole gracias por todo lo que te proporciona, inclusive en esos momentos que consideras difíciles. Recuerda que los momentos difíciles tienen algo que enseñarnos, pero uno siempre tiene algo por lo cuál agradecer. Entonces, con eso claro el formato es como sigue:

1. Gracias
2. Petición
3. Gracias
4. Amén, Namaste, Está hecho o Así es.

- **Haz un mapa introspectivo en tu mente.** Ahora, te estarás preguntando ¿cómo hago eso? Recuerda cuando estabas en la escuela o si lo estás ahora mismo, ¡perfecto! Como sabes, hay cuatro puntos direccionales o cardinales: Norte, Sur, Oeste y Este. Todos ellos están interconectados de alguna manera porque gracias a ellos y a su labor conjunta podemos ubicarnos en el Planeta. Colócate en este caso, como el centro que une todos los puntos. Esos puntos serán los factores, las personas o las situaciones que te impiden ver lo obvio o mirar más allá de lo obvio. Tómate tu tiempo y como he escuchado alguna que otra vez y he dicho también; *con calma, pero sin pausa.*

- **Meditar.** La meditación puede ser tan corta o tan larga como quieras o necesites. Lo que quiero decir con corto es que puede ir desde cinco minutos hasta una hora si es necesario. A una persona le funciona un tiempo corto y otra puede requerir más. Una pista: puedes tocar algo de Reiki, Zen, sonidos instrumentales o cualquier música que te guste de fondo a un volumen que no suene más que la voz de tu mente. La música es opcional y muy buena compañera, pero para este fin (meditar) ponla si no te distrae o impide hacerlo. Siempre es bueno tratar de cerrar los ojos y estar lo más cómodo posible porque es sinónimo de enfoque y disposición total hacia lo que se quiere lograr, que en este caso es desconectarse para conectarse. Por eso es bueno tener claro que el objetivo de la meditación es estar presente y en el ahora para sentirse bien u obtener claridad/inspiración para el día o la vida, como aplique a cada persona. Con la meditación también se busca conectar con nuestra raíz, esencia; el Yo Superior para obtener respuestas. Hay unas frecuencias que ayudan a sumergerse en el mundo de la meditación más naturalmente. Entre los sonidos recomiendo los que sean elementales, especialmente estos dos: **agua y tierra**, ya que el agua limpia, purifica y fluye, y la tierra te conecta y balancéa. ¡Qué ingredientes más idóneos para lograrlo!

Sonidos que puedes conseguir en internet que emiten la frecuencia para conectar con estos dos elementos son:

Frecuencia Agua- 432 Hz(hercios)
Frecuencia Madre Tierra- 7.83 Hz(hercios)
Ya estás listo(a) para meditar. ¡Buena Suerte!

Imagen de Yoga, Silueta y Meditación.

Comentarios/ Planes Para Mí:

_____

_____

_____

_____

_____.

3

DISFRUTA ÉSTE: ¡TU MOMENTO!

¿Sabías? Si has llegado hasta este punto, te pido que por favor lo agradezcas y lo amplíes por tanto tiempo como sea posible. No hay dicho en vano. Diría que no hay tiempo que venga en vano. Ese momento exacto que das por sentado hoy, lo quieres mañana. Quizás no me creas tanto, pero ¿sabes cuándo me doy cuenta de esto? Cuando mi celular me manda fotos de recuerdos juntos para que las vea. Me quedo asombrada pensando ¿cómo es que el tiempo ha pasado dentro y alrededor de mí sin preguntarme? Cuando estoy frente a esa pantalla siento que envejezco y empiezo a cuestionar mi vida y qué estoy haciendo con ella. Hay tantos ejemplos de situaciones que puedo darte, pero déjame simplificarte con uno de los hábitos más comunes que las personas adoptan consciente o inconscientemente y es 3,2,1. ¡Aquí vamos! ¿Alguna vez has escuchado una frase como cuando obtenga esto o aquello, entonces voy a ser feliz o sería feliz si tuviera esto o aquello? Puedo estar casi segura que la has escuchado o te ha pasado. En mi caso, me he dado cuenta cómo muchas veces me he disfrutado experiencias mucho más cuando ya han pasado o cuando el celular me las pone enfrente haciéndome recordar "mírate hace un año atrás este mismo día" que cuando las estaba viviendo. Creo que esa forma de proceder no es saludable para tu mente porque te hace olvidar o aleja del tiempo presente y podría llevarte a:

Pensar Demasiado (Sobrepensar mata tu felicidad)
Tristeza
Insatisfacción
Depresión
Compararse con los demás
Restarle importancia a lo primordial

Y a más, pero este es un libro positivo y práctico para que elimines precisamente esos términos de tu vocabulario, mente y toda tu energía.

Por eso quiero que pienses en los niños. ¿Cuándo fue la última vez que dejaste salir a tu niño interior para jugar? Cuando somos niños, hay muchos que quieren ser grandes rápido, pero no saben lo que desean porque luego que uno crece y se enfrenta a la vida al haber salido de la búrbuja de fantasía, deseas regresar a los mejores tiempos de alegría, a los más divertidos, llenos de muchos sueños (todos posibles), donde piensas en puro juego y ser feliz, tiempos despreocupados, o sea, tiempo de ser niño. Y entonces, ¿acaso no has pensado que puedes hacerlo siempre y cuando quieras? Sí, conecta con tu niño interior para que te disfrutes éste, tu momento. No lo dejes desaparecer sin darle la importancia que tiene. Es buen favor y beneficio que te haces. Para terminar, quiero que pienses en esto ¿qué dijo Jesús acerca de los niños en Mateo 19:14? "Dejad a los niños venir a mí, y no se lo impidáis; porque de los tales es el reino de los cielos". Mateo capítulo diecinueve, versículo catorce de la Biblia versión Reina-Valera del año mil novecientos sesenta (1960).

Comentarios/Planes Para Mí:

_____

_____

_____

_____

_____.

4

HAZ BUEN USO DEL AGUA

Les pregunto ¿Qué puede hacer un simple vaso de agua? Tenemos un porcentaje de agua de sesenta (60) o más en nuestro cuerpo. Este porciento es en general, sin entrar en detalles del agua que tenemos en nuestros pulmones, cerebro, etc. Entonces, con esto claro ¿por qué no darle la importancia que tiene? Toma agua para entrar en sintonía con tu ser mejor y más verdadero. Tienes varias opciones:

- **Tomar agua.** Si no te gusta hacerlo o no estás acostumbrado(a), trata de tomar la mayor cantidad que se te haga posible durante el día hasta que tu cuerpo eventualmente te la pedirá.
- **Recolectar Agua.** Puedes recoger agua de lluvia, de mar, de río, de Manantial, la que más te guste o te sea más accesible. Ya que recolecté el agua ¿qué puedo hacer con ella? Acá abajo te dejaré varias opciones que tienes para hacer con el agua o las aguas:

1. Puedes **preparar Agua Bendita casera.** El agua purificada se usa mucho para hacerla, pero puede ser de otra fuente. Ejemplo: de pluma casera (grifo), de río, lluvia, etc. Lo importante es que esté limpia y que consigas sal, ya sea la "Kósher" o sal sin aditivos como lo es la sal de roca natural y o la sal marina. Con mucha calma y en tranquilidad, encenderás una vela blanca como símbolo de purificación y luz. Echarás el agua en un recipiente. Usarás tres(3) cucharadas de sal, simbolizando al Padre, al Hijo y al Espíritu Santo, las cuales echarás en el recipiente del agua. Luego de hacer la señal de la cruz, mezcla hasta que sientas que el agua absorbió la sal. Ahora, conságrala con la oración del Padre Nuestro. Ya está lista para ser embotellada. Puedes rociarte, a un espacio, casa y/o automóvil para ayudarte a sentir la protección Divina contigo o

con cualquier ser querido. También, tienes la opción de envasarla y cargarla como amuleto. Está en lo que prefieras. **Importante tener en cuenta que recomiendo la elaboración de esta agua para rociar o cargar como protección, no para ingerirla.**

2. Puedes **limpiar** los pisos, cualquier objeto de la casa o un área específica donde sientas una energía mala, baja o estancada. Cualquiera de estas aguas, la de mar, lluvia, manantial o río funcionan para que luego que limpies tu espacio o casa como regularmente lo haces, eches el agua recolectada. También, el agua que ya tengas en tu casa para limpiar o bien sea purificada funciona de igual forma. Es importante ponerle una intención antes para potenciar el efecto. Un ejemplo de un decreto o afirmación que te recomiendo para que digas antes de limpiar o mapear la casa con el agua recolectada es: "Padre Santo, Guías de La Luz, les pido que así como esta agua va limpiando todo este lugar, asimismo sienta el efecto reparador y purificador en mí para recibir toda la abundancia que merezco. Confío, confío, confío porque ASÍ ES. AMÉN."

Un dato extra: inclusive el agua de la pluma de la casa, si la dejas serenándose durante la noche por varias horas, a partir del amanecer siguiente estará lista para usarse. Ahora la pregunta es ¿y cómo así? Resulta que como la Luna está considerada la regente de las emociones y de la intuición es bueno aprovechar los efectos que tiene para estar conscientes de ellos y equilibrar nuestras emociones. La luna tiene efectos sobre el agua y todos los seres humanos como sabrás tenemos más del sesenta (60) porciento de ella en nuestro cuerpo, por lo tanto, no somos la excepción. Según las fases lunares, hay ciertas emociones que salen más a flor de piel que otras.

➢ La Luna Llena así como sugiere su estado (llena) desborda o destapa nuestras emociones al máximo. Acá es el momento para cosechar la siembra. Dependiendo de las acciones anteriores durante otras lunas, si fueron positivas sentirás la recompensa. Por el contrario, si no, maximizarás el efecto de lo negativo.

> La Luna Nueva nos tranquiliza un poco, nos pone a reflexionar. Nos ayuda a renovarnos en todo sentido, pero la actitud que presentes al principio de ésta puede determinar como te continues sintiendo a lo largo de la fase lunar. Importante saber que la Luna Nueva es tiempo propicio para sentirte merecedor de todo lo bueno. Por eso, te invito a sembrar nuevas semillas, a cambiar por tu bienestar.

> La Luna Cuarto Menguante te trae una emoción de satisfacción o relajación si has pasado por las otras de manera positiva. Si no es un resultado positivo, tendrás que replantear la actitud que no te funciona para cambiarla o renovarla. En lo negativo es dejar ir, soltar lo que no y en lo positivo es limpiar y sembrar esas semillas que quieres ver más adelante reflejadas en tu vida.

> La Luna Cuarto Creciente nos hace fluir más con nuestras emociones; podemos sentirnos sensibles, refiriéndome a que te puede atacar la melancolía, la tristeza o las dos, pero si sabes usar esas emociones y dejas que fluyan correctamente, te pueden servir de manera creativa e inspiradora para generarte ideas en diferentes áreas de tu vida. Esta luna puede ser transformadora si andas juicioso (a) con tus actitudes, emociones y aptitudes. Si por el otro lado, no dejas fluir o no liberas esas emociones negativas durante esta fase, puedes abrirle la puerta a la frustración.

Antes que lo olvide, debo escribirte que si buscaste agua de mar o río y tiene algún residuo del lugar, puedes quitárselo con un filtro. Un consejo dentro de otro para limpiar los pisos con el agua recolectada es echarle unos cubos de hielo. Si el agua es de mar, río, lluvia o manantial no hace falta echarle sal marina porque ya tiene la propiedad energética natural que posee su fuente. Si el agua es de pluma (grifo) puedes adicionarle esos cubitos y sal marina. ¿Cómo? Sí. Algunas personas dicen estás salado como si la sal estuviese relacionada a la mala suerte. Entonces, ¿cómo echar sal y mapear la casa con ella? Sí. La sal tiene propiedades muy beneficiosas:

limpia y purifica las energías adversas del hogar, además que atrae la fluidez de energía positiva, la abundancia y la prosperidad. Estos últimos dos efectos los otorga en otros procesos que se realiza con ella, pero para este que es de limpieza o higiene del hogar quiero que te concentres en su efecto de limpiadora y purificadora.¡Ojo! Tienes que creer en lo que pides y que eres merecedor porque, ¿cómo pedirás algo en lo que no crees ni te crees merecedor de recibir? Por eso no te olvides de agregarle FÉ que es tan necesaria para mover esas montañas y ver mejor.

3. Puedes **darte un baño.** Tienes la opción de ir a una playa o a un río que te guste y disfrutar del efecto tan relajante que tiene el agua de ambos lugares. ¿Quieres que te comente algunos de los beneficios a nivel físico del agua de mar? Lo haré. Sucede que como en el mar se encuentra potasio, calcio y magnesio entre otros elementos, éstos ayudan con los pulmones, la piel, etc. Hay personas que son amantes del mar, pero ¿será que además de relajarse, poder andar con ropa ligera y ver el atardecer caer alfrente de ellos sabrán toda la ayuda física y espiritual que eso aporta a sus vidas? ¡Quién sabe! Lo que sí sé es que sepan o no se están ayudando a ser más saludables a través de ese hábito. Por otro lado, si no tienes tiempo para ir a la playa o a un río, tal vez no te gusta pasar mucho tiempo allí o el clima está en contra en ese momento, puedes llevarte el agua para tu casa y preparar un baño. Un consejo dentro del otro: ¿Qué tal si calientas el agua un poco, le echas un aceite esencial o aceite de coco humectante, el que gustes, pones música suave y disfrutas de un baño especial mientras reconoces lo bien que se siente? Suena en mi mente como un plan bueno y lo es. ¿Será que haciendo buen uso del agua la vida será tan sabrosa como en el mar? Eso quien no haya, tendrá que descubrirlo.

Un dato curioso dentro de otro: ¿Sabías que el agua de lluvia está asociada con limpiar, crecer y/o renovar? Imagina la canción de Marc Anthony que dice: "A veces llega la lluvia para limpiar las heridas".

Imagen de Loveourplanet, Tierra y Tranquilo.

Aviso Importante: Todos los consejos son variables y aplicables dependiendo la persona, su estado de salud y demás variantes. Antes de realizar cualquier actividad sugerida, tenga en cuenta sus necesidades, prioridades, condiciones físicas, emocionales y restantes. Si usted padece de depresión, condición física limitante o de alguna alergia, le aconsejo visitar un doctor o especialista en su caso y/o tomar las medidas de precaución. Espero que éste y todos los consejos que encuentres aquí te animen y sean de mucha utilidad para abrirte a posibilidades infinitas de bienestar.

Comentarios/Planes Para Mí:

_____

_____

_____

_____

_____.

Datos extras que nadie me pidió:

Signos para reconocer que tu espacio o casa necesitan una limpieza energética

- → Sientes olores poco agradables
- → Cuando entras ahí sientes la energía densa(pesada)
- → Se te hace difícil sentir tranquilidad
- → Si hay niños o mascotas se enferman, se inquietan o andan decaídos de ánimo
- → Aparición de insectos modo plaga (en gran cantidad)
- → Se empiezan a romper objetos repentinamente(sin razón aparente) ejemplo: las vasijas, vasos o platos entre otros y/o se queman las bombillas de las lámparas.
- → Se generan discusiones constantemente o hay tristeza sin una razón aparente.
- → Si tienes plantas o flores no duran mucho porque se mueren rápido.

Punto a aclarar: Naturalmente existen razones por las cuales ocurren ciertas vivencias físicas como lo es un resfriado por el clima o una situación ambiental, en este caso que un techo sufra los efectos de la humedad puede ser motivo de su antigüedad, pero también existe la energía, la cual es innegable. Por tal razón, debemos cultivarla bien y limpiarla para evitar ratos malos y/o enfermedades en nuestras emociones y cuerpo posteriormente. Con esto escrito, quiero abarcar por dar un ejemplo el signo número cuatro (4): los niños y las mascotas. Pensarás que se enferman porque es parte de vivir en el mundo y es una consecuencia o por herencias genéticas, los cuidados físicos, la higiene, el trato y tienes razón porque es una realidad, pero hay otra realidad y es que uno tiene la libertad de cuidar su cuerpo y ambiente energético para prevenir y hasta evitar en muchos casos esos momentos que vivimos que no nos gustan y que en ocasiones son generados por cargar con creencias limitantes que nos han sido impuestas o adoptamos. Un ejemplo sencillo y que creo que tú y cualquier otra persona ha escuchado es éste: el dinero no crece en los árboles o las plantas.¿Qué nos quieren decir o enseñan con eso? Inconscientemente, aunque no haya sido con mala intención, a raíz de enseñanzas o comentarios como esos aprendemos a vivir la vida en lucha, normalizando y repitiendo ciertos patrones, viviendo una realidad en la que hay que sacrificarnos. Me refiero a vivir una vida insatisfactoria, estudiando algo que no es tu vocación realmente, eligiendo o ya sea quedándote en un trabajo que no te gusta o desarrollándote en un entorno donde no existe una mentalidad de merecedor (a) capaz de tener una vida abundante de manera gozosa, sin tanto obstáculo, llena de gracia y que no sea una lucha constante, un sacrificio o algo lejano de alcanzar. Obviamos que nuestra relación con el dinero va más allá de esas creencias, sino que al igual que todo lo demás, el dinero es una energía que hay que cultivar y trabajar bien para activarla de manera fluida en nuestra vida. El creer que tener dinero es malo o que las personas que lo obtengan o quieran son superficiales o meramente materialistas no es correcto. La realidad es que en el mundo donde vivimos se necesita dinero, primeramente para existir y luego para vivir. El uso y la intención que se le dé al dinero determinará su efecto en nuestras vidas. Esto es un tema extensivo, pero por ahora y para efecto de estos veintidós consejos, quiero concentrarme en la limpieza energética de nuestro espacio sagrado y/o casa.

Como sabrás los niños y las mascotas son seres sensibles y libres de maldad o limpios. Por eso hay que cuidarlos de la energía que presencian y supervisar en la que conviven. En el caso de los perros, ellos sienten las emociones de sus dueños. ¿Sabías que los perros tienen muchas cualidades y entre las más que abundan están su misión y la protección energética que le proveen a una persona escogida y/o a una familia entera? Sí. Estos seres magníficos sienten todo; sobretodo cuando estamos cargados de mala energía o cuando alguien más lo está y hacen lo que está a su alcance para animarnos. Su misión va a tal grado que si perciben un daño grande hacia nosotros, prefieren sacrificarse. Por eso, basada en eso, te invito a que prestes atención a los comportamientos abnormales de tu o tus perros. La manera favorita de recargarse de tu mascota o mascotas caninas es recibir amor y abrazos de su amado (a) dueño (a). En el caso de los niños, son lo más frágil y fuerte que la vida nos regala, por tal razón es debido proteger el ambiente donde se desarrollan porque eso marca la diferencia entre un niño introvertido o extrovertido en la vida como limitado o ilimitado también. ¡Atenta(o) a eso!

Dato extra que nadie me pidió:

- Los gatos también sienten nuestras emociones y absorben las negativas, dejando limpio el hogar. ¿por qué crees que los faraones Egipcios amaban tener gatos cerca? Es porque ellos(los gatos) tienen esa característica de ver lo que los humanos no pueden. Son protectores espirituales y brindadores de la buena suerte. Es por eso que durante las horas de sueño de sus dueños, las mascotas felinas; los gatos aman protegerlos de cualquier peligro espiritual que pueda surgir entre ese tiempo. Uno de los poderes ocultos de los gatos es la capacidad de percibir a los seres humanos y saber si algo no se siente bien.

Imagen de gato en naturaleza.

5

ELLOS SE ENCARGAN;
NO TE PREOCUPES

"Así como cuando alguien te hace una promesa rosada ("pinky promise"), yo el Arcángel del Amor; Chamuel, te asistiré y sostendré incondicionalmente siempre que lo requieras". Esa es la Promesa de no temer que nos hace el Arcángel Chamuel y Jesús. Cuando atravesamos momentos oscuros y/o inciertos se nos imposibilita o dificulta creer que alguien nos cuida; nos sostiene. Sin embargo, es durante ése o esos tiempos donde podemos conectar y avivar nuestra Fé. En Juan capítulo catorce, versículo seis Jesús le dijo a Tomás, uno de los Doce Apóstoles elegidos por Él: "Yo soy el camino, y la verdad, y la vida; nadie viene al Padre, sino por mí". (Juan 14:6 de la Biblia Reina-Valera 1960). Jesús como el CAMINO, la VERDAD y la VIDA en esta ocasión junto con su Arcángel del Amor, Chamuel te invitan a abrirte a su ayuda dejando o en lo posible, suavizando tus preocupaciones.

Unos datos sobre el Arcángel Chamuel para que lo conozcas si nunca has escuchado o sí, pero no sabes mucho son los que siguen:

- Su nombre tiene de significado <u>"Fuerza de Dios"</u> o <u>"El que ve a Dios"</u>.
- El rayo de su luz es color rosa.
- ¿Cuál es su día? El Martes.
- Entre las cualidades que protege están: el Amor tanto propio como a Dios y a los demás, las riquezas materiales(te ayuda a encontrar tus bienes si se te han perdido de vista), etc
- Tiene mucha compasión con las personas que carecen de respeto, amor, autoestima (recuerden que todo parte de ahí). También, ayuda a las personas que están sumergidas en una soledad sin salida aparente, ya sea física o emocional.

- Trabaja para que podamos eliminar cualquier rencor, estrés, tensión o envidia y transcendamos en Amor, Paz y Luz, sintiéndonos livianos.

Con esto, cuando te sientas falto de amor, respeto y/o paz, encomendándose junto con Jesús, Dios o la Energía Divina en la que creas, Chamuel está disponible para ayudar a transmitir el favor de Dios. Recuerda pedir desde tu corazón que es el que sabe lo que sientes y te recomiendo que SIEMPRE llames a cualquiera de los Ángeles de la Luz con el que quieras conectar con el permiso de ese Ser Supremo maravilloso para que por medio de su intervención se cumpla su voluntad y que te muestren lo que necesitas hacer y/o cambiar para ponerte manos a la obra y crear una vida que disfrutes realmente. Por eso, te quiero presentar a un Arcángel muy sabio, se dice que el más sabio de todos; Raziel. Arcángel Raziel es el maestro de los secretos, de la sabiduría y de los misterios. Ante la Astrología se le conoce como el guía de los magos, los clarividentes y los alquimistas por todos los secretos divinos de los cuales es conocedor y por toda la claridad que brinda respecto a la elaboración de amuletos o al mundo esotérico, teniendo en cuenta que solamente está entrelazado con la energía del bien, la Magia de la Luz y de lo divino. También, ayuda a que las personas despierten sus habilidades extrasensoriales y el tercer ojo(ese ojo conocido como el de la intuición) o el chakra *ajna,* portador de sabiduría, de ver más allá de las cosas. Es bueno que sepas que es el patrón o supervisor de los *Erelim, ángeles que son incorruptibles.*

¿Quieres conocer un dato misterioso y curioso relacionado con Raziel? Él le entregó el libro de los secretos a Adán y Eva cuando fueron expulsados del Edén por Dios con el fin que entendieran mejor a Dios y pudieran volver algún día al Cielo. Los ángeles que vieron eso no estuvieron de acuerdo con Raziel y le quitaron el libro a Adán y Eva, arrojándolo al fondo del mar donde lo escondieron, pero Dios al darse cuenta de lo que había pasado, tomó el libro y se lo entregó a Adán y Eva. Ellos luego se lo pasarían a su descendiente; Enoc, quien logró comprender bien el libro y obtener el beneficio de la Iluminación. Acto que lo llevó a ascender al plano espiritual para convertirse en un arcángel(Metatrón). Tiempo después ahora viene la parte misteriosa de este dato. ¿Qué pasó con el libro?

Resulta que Dios le añadió unos detalles al libro y decide entregárselo al Arcángel Rafael, quien a su vez se lo hizo llegar a Noé, el del arca. Después que el Arca de Noé fuese construida inspirada en el libro por cierto, el libro encontró nuevas manos, las de Salomón y éste último la sabiduría escondida en esos textos. Ya luego lo que sucedió con el libro es toda una interrogante hoy día. Existen teorías, pero no comprobadas.

Si quieres sentirte más lleno(a) de entendimiento y conocimiento con respecto a Dios y todos los misterios que encierra lo celestial, este arcángel te puede mostrar y revelarte como representante celestial y confidente de Dios además de conocedor de la verdad que es, con oportunidades, ideas, pensamientos y hasta en visiones o sueños. Su energía está representada por un aura color dorada brillante. También, el color violeta índigo representa a Raziel, así como es el color del chakra del tercer ojo(ajna), el cual les comenté este ángel ayuda a abrir.

Tres(3) últimos datos interesantes del Arcángel Raziel para que tengas en cuenta son:

- Conectan a Raziel con el efecto arcoíris por la energía electromagnética que desprende de él ser la encargada de generar la aparición del arcoíris en el Cielo y la cercanía del arcángel Raziel en ese momento.
- ¿Cómo se llama ese libro tan lleno de secretos reveladores de la naturaleza de la Creación divina, del esoterismo de los judíos y también el primer libro de Cábala de la historia? Su nombre es **Sefer Yetzirah.** Se escribe así en Hebreo y en Español es **Libro de la Creación** o **Libro de la Formación.**
- Raziel a mi entender representa al Ermitaño, ese ser solitario que quiere y necesita autoconocerse, habitarse primero y descubrir su sabiduría interna alejado de los demás, cuidando su soledad para entender y asimilar todo lo que ha descubierto de mejor manera.

Recuerda que el conocimiento ¿qué es? Poder.

Comentarios/Planes Para Mí:

_____

_____

_____

_____

_____.

6

ACEPTA LA AYUDA NECESARIA

El ser humano tiende a necesitar. Desde antes de nacer necesitamos comida, un ambiente seguro, salud, etc ¿por qué no aceptas eso que necesitas y que tanto pides consciente o inconscientemente? Si has pedido algo que sabes necesitas, trata de abrir tu mente y sentidos para que puedas recibirlo. Cuando pidas algo a Dios, a esa Fuente Divina, recuerda pedir discernimiento entre el bien y el mal, además de estar abierto para reconocer y poder aceptar esa ayuda anhelada o a esa persona por medio de quien llegará, si fuese el caso. Ten en cuenta que cuando se pide ayuda, ésta a veces suele llegar de las maneras menos esperadas y de parte de quien menos imaginamos. De ahí la importancia de no resistirnos, sino abrirnos para aprovechar las oportunidades que nos quieren extender su mano.

Te quiero compartir una oración que escribí hace algunos años atrás y le funcionó a varias personas que la usaron porque me lo dejaron saber en ese momento. Se titula Lo que no puedes ver. ¿Sabes por qué te la comparto? Porque está muy relacionada con esto.

Lo que no puedes ver
Lo que no puedes ver es por lo que sufres.

¿Por qué sufro por lo que no tengo en vez de disfrutar lo que tengo?
Dios, por favor:
Ayúdame a ver el panorama grande
Ayúdame a olvidar mi dolor
Ayúdame a soltar el pasado
Ayúdame a perdonar para poder amarte nuevamente y así, amar a los demás gracias a tu amor y compasión.

Julio 5 de 2018 a las 9:20 pm

Debajo del título, esa primera oración es clara: lo que no puedes ver es por lo que sufres. Cuando no tenemos la mente clara y conectada por más que tengamos las respuestas frente a nosotros, voltearemos para otro lado o las ignoraremos, ya sea por falta de Fé, convicción o hasta orgullo. También, a veces sufrimos, que es lo que le sigue al dolor, porque le damos contrato de exclusividad a pensar o quejarnos por lo que según nosotros nos falta y al hacer eso, no agradecemos o no vemos todo lo que sí tenemos. Eso nos puede llevar a deprimirnos, a comparar nuestra vida con la de otras personas o hasta a desearla y que Dios nos libre de eso porque a veces no sabemos lo que deseamos, ya que la verdadera vida de las personas las conocen ellos, pero caemos en el error a veces de creernos todo lo que vemos o escuchamos por encima. Entonces, Dios por favor: ayúdame a ver el panorama grande, a olvidar mi dolor, a soltar el pasado, a perdonar para poder amarte nuevamente y así, amar a los demás gracias a tu amor y compasión. ¿Qué quiero expresar con eso? Cuando somos humildes de corazón a través de reconocernos y reconocer a los demás, abrimos no una puerta, sino muchas puertas de posibilidades donde sufrimos menos y podemos ser un ejemplo de ese amor que Dios nos da de sobra, tanto con nosotros como para los demás. Cuando eso sucede, sabemos discernir las ayudas que llegan como respuestas divinas provenientes de Dios y las aceptamos con más gracia y confianza.

Comentarios/Planes Para Mí:

_____

_____

_____

_____

_____.

7

SUELTA ESAS DISTRACCIONES

Resulta fácil distraerse y por consecuencia perder de vista muchas oportunidades de expansión, tiempo mejor invertido y mejor salud en general. El Arcángel Jofiel, encargado del despertar de las almas dormidas, de la Iluminación, de los proyectos, la belleza y la creatividad entre otras funciones te invita a que te tomes el tiempo para apagar el ruido externo, toda distracción y comenzar a escucharte. ¿Con cuál tiempo? Empieza por algún lugar. Pueden ser unos minutos. Lo ideal para ti lo notarás eventualmente. ¡Puedes hacerlo! Claro que se puede. Lo he logrado después de entender lo necesario y justo que es. A veces por más abrumada que pueda parecer la vida, unos minutos para calmarse puede ser lo que uno necesita para continuar reforzado(a).

Consejos para no distraerte tanto y hacer lo realmente importante:

- **Agradece.** Al levantarte, comienza agradeciendo antes de buscar en el celular. Un simple GRACIAS estará bien. Puedes poner tu mano en el corazón y sentir como late. Eso ayudará a sentirte más agradecido antes de comenzar tu día.
- **Haz una lista** de todos los pendientes o quehaceres del día. Esto me ha resultado mucho. Es bueno hacer una lista para no despertar y seguir el día en piloto automático. No tienes que seguir el orden de lo que está escrito, pero sí tratar de cumplirlo y si no es posible todo en un solo día, al día siguiente, el que sigue o el que le sigue a ése. Créelo, que esto cambia mucho el juego a tu favor.
- **Tiempo fuera del celular o cualquier electrónico.** Proponte no mirar indetenidamente el celular en la medida que se te haga posible mientras estés concentrado en una tarea (al menos que esa tarea o actividad lo requiera). Resulta que cuando estamos

haciendo algo productivo para nuestro enriquecimiento, a veces sin darnos cuenta, caemos en esa adicción de sumergirnos en las redes y se pasa casi una hora o más viendo cómo los demás hacen sus vidas. Eso nos resta tiempo valioso que podemos invertir en nuestra mejoría personal, profesional, familiar, etc.

- **Detén tu mente.** Proponte callar tu mente y verificar esa lista que hiciste al comenzar tu día, ¿te acuerdas? Ahora es momento de darte cuenta si has avanzado, si te falta mucho o poco por hacer. Eso ayudará a que te enfoques si por X o Y razón te has distraído mucho.
- **Comunica lo ocupado(a) que estás.** Cuando comienzas a crear estos hábitos para atender lo realmente prioritario y necesario por tu bien, el de tu salud o depende de tu situación como se aplique, debes dejarle saber a tus seres queridos o personas con las que te relacionas el por qué si no te consiguen en un momento dado para evitar crear malosentendidos y/o que se sientan que le has restado importancia.
- **Distráete de la lista.** Así como incluyes en tu lista diaria tus quehaceres, no te olvides de anotar algo que te guste hacer para que saques un tiempo y lo hagas en algún momento que decidas.

Ejemplo #1 de lo que puede ser: Caminar por los alrededores de la casa unos minutos y mirar los árboles y animales que pasan.

Ejemplo #2 de lo que puede ser: Hacer Yoga unos minutos o media hora en tal lugar esta semana por la tarde (así sea remotamente). Desde lo más simple, hasta una salida la anoto porque nada es insignificante y con el ajetreo diario se nos pueden olvidar las cosas importantes. Te recomiendo conseguir un calendario expresivo. Con ese término me refiero a los que venden que traen calcomanías y mensajes positivos. Lo veo como una obra de arte que creas para ti sin reglas y que te permite organizar todo lo que tienes/quieres hacer con el objetivo de ser productivo(a). Lo importante es tenerlo claro: meta cumplida es igual(=) a recompensa, ya sea pararte frente al espejo y decirte mira qué bien vas, sigue así que lo estás logrando o regalarte algo que te guste. En mi caso puede ser algo tan simple como comprar una planta.

Creo que es bueno sustituir la palabra rigidez por disciplina para alcanzar resultados verdaderos. Rigidez para mi concepto es una máquina. La disciplina la aprende y la ejerce un ser humano entendiendo su naturaleza.

Comentarios/Planes Para Mí:

_____

_____

_____

_____

_____.

8

POR AHÍ NO; POR ALLÁ SÍ

Es momento de contemplar mejor tu situación actual. Haz una lista de prioridades, redúcela de ser necesario y enfócate en lo más esencial. Ahora, piensa en esos caminos u opciones que tienes para llegar a obtener eso tan importante para ti. De esa manera, puedes estar seguro(a) y optimista acerca de la dirección a tomar. Tengo varias alternativas a considerar para lograrlo:

- **Respóndete.** Saca una hoja de papel y anota lo siguiente:
  1. ¿Qué quiero ahora?
  2. ¿Qué necesito ahora?
  3. ¿Qué quiero después?
  4. ¿Qué necesito después?

Luego que contestes esas preguntas, haz dos grupos y sepáralos. Grupo A está compuesto por preguntas uno(1) y dos(2), Grupo B de las número tres(3) y cuatro(4). Cuando buscamos claridad ante un asunto, debemos abarcar lo que necesitamos y queremos a corto plazo en orden de prioridad y sin perder de vista lo que viene después claro está. La próxima pregunta que debes hacerte es:

5. ¿Cómo lo logro? Te recomiendo no descartar nada siempre y cuando sea razonable y posible de hacer. Para culminar, ya con las prioridades y acciones posibles establecidas es hora de escoger la o las que quieras ejecutar y en qué orden. ¡Manos a la obra!

- **Fluye.** Esta opción es menos sistemática y más intuitiva que otra cosa. ¿Qué es la intuición? La intuición es la capacidad de poder pensar, sentir, ver, conocer a alguien o algo sin usar la razón, sino meramente dejándote llevar por un sentimiento o corazonada. A través de la intuición, puedes premeditar ciertos acontecimientos sobre personas y/o cambios que necesitas o que tu alma quiere vivir. Si tienes indecisión sobre un asunto importante en tu vida, la intuición es una gran herramienta a usar. Para aumentarla, puedes:

- Meditar
- Practicar la soledad
- Observar
- Abstenerte de juzgar en la medida que puedas, ya que esto te impide intuir. ¿Por qué? Cuando tenemos la cabeza llena de prejuicios y los dejamos ahí, ¿cómo podremos ver las cosas de otra manera o de la forma que son? A veces nuestra estructura mental no lo hace posible. Piensa en un hueco pequeño donde quieres poner una moneda de veinticinco centavos, pero cabe una de un centavo. ¿Qué debes hacer? Ampliarlo primero para que quepa esa moneda de veinticinco centavos. Lo mismo pasa con los prejuicios y la intuición. Para que la intuición tenga lugar en ti, la desarrolles y fortalezcas, primero lo primero.
- Quedarte en silencio de vez en cuando(sin ningún ruido externo)
- Limpiar cualquier emoción negativa al momento de practicar el don de la intuición
- Practicar la empatía, donde puedes ver las cosas a través de los ojos de esa persona y te ayuda a interpretarla e interpretarte mejor al tiempo. Ésta opción tiene un efecto colateral.
- Crear. El dibujar o escribir es una manera de usar tu creatividad. Cuando estés practicando el silencio, trata de dibujar y/o escribir lo que llega a tu mente de forma natural. Por eso es que la creatividad es intuitiva.

Comentarios/ Planes Para Mí:

_____

_____

_____

_____

_____.

9

CONECTA CON MADRE TIERRA

Imagen de Fantasía, Retrato y Raíz.

La Madre Tierra nos vio nacer. Por lo tanto, ella contiene las memorias sagradas de nuestras raíces generación tras generación. Ella simplemente anhela que la veamos y que se lo dejemos saber con simples actos de apreciación u observación. Existen los cuatro (4) elementos principales con los cuales puedes interactuar y conectar además del Padre Sol y son:

- **Agua.** Si te gusta el agua, puedes caminar frente al mar con actitud de gratitud o darle un buen uso como los que te expuse en el consejo número cuatro (4). También, puedes agradecer el agua que tomas a diario en tu casa, en la escuela, en el trabajo o donde te encuentres. Créeme que no es insignificante, por el contrario, es un acto de valoración. "Agua fluyo naturalmente como lo haces tú" es un acto de apreciación a cómo ves el agua.
- **Tierra.** Si prefieres la Tierra, aprecia una planta, alguna flor o puedes mostrarle respeto no arrojándole basura encima. Tambien, interactuar con y/o abrazar un árbol, ya que ellos son seres vivos y un poco de atención que se les dé es un gesto enorme de apreciación

hacia la Madre Tierra por todo lo que nos provee día tras día como el oxígeno y la purificación de nuestro aire. No te sientas loco porque pueda parecer algo descomunal, por el contrario, siéntete bien sabiendo que estás haciendo algo correcto y si eso te hace loco ante los demás, pues que llamen al manicomio.

- **Aire.** Puedes dejarle saber tu aprecio por existir y permitírtelo, ya que a través de él, Dios, La Energía Suprema nos permite respirar.

- **Fuego.** Puedes realizar una quemada de masmelo "marshmallows", una fogata familiar o a solas para conectar con el elemento fuego que nos abriga y conforta. También, puedes encenderle una vela al Padre Creador, los Ángeles, quizás una vela aromática, como gustes, o simplemente puede ser cualquiera que consigas, y si lo haces no te olvides de conectar por un momento con el elemento fuego a través de la gratitud. Un simple gracias honesto tiene el poder de cambiarlo todo.¡Cuán virtud!

Aviso Importante: Recuerda que cada vez que vayas a encender una vela, fogata o incienso, mantenerte, a los niños, mascotas y demás a salvo. Todo se logra con precaución.

Un decreto que te recomiendo es: "Gracias elementos vitales porque Dios, ese Ser Supremo, a través de ustedes nos hace disfrutar la dicha de existir, coexistir y vivir, usted Señora Agua que ayudas a mi sangre a transportar oxígeno, me hidratas, limpias y fluyes, usted Señora Tierra no se queda atrás, Gracias por proporcionarnos el espacio único y propicio para estar y convivir con millones de especies. Nos provees de nutrientes y nos alimentas. Eres indispensable para nosotros. Señor Aire, Gracias por permitirnos respirar y además a través de esa respiración encontrar calma. Señor Fuego que siempre has estado y estarás ahí para iluminarnos, alimentarnos y protegernos del frío, ¡GRACIAS!

¿Sabías que existe un arcángel que protege a la Madre Tierra y nuestro vínculo y conexión con ella? Sí, se llama el Arcángel Ariel y su nombre significa <u>León de Dios.</u> Puedes hacer meditaciones e invocar el amor y la protección que este ángel tiene hacia la Tierra ya que es conocido como el <u>Ángel de la Naturaleza.</u> Entre esa naturaleza están incluidos los animales y los espíritus de ésta que no se ven como lo son las hadas y los duendecillos traviesos. Un dato curioso acerca de este ángel es que en el misticismo lo han asociado con una cabeza de león que vigila la Tierra. Ariel nos inspira a los seres humanos a cuidar los recursos naturales que nos regala la Madre Tierra como lo es el agua, el aire, el fuego y la tierra misma. También, a que entendamos que los árboles y las plantas tienen propiedades sanadoras de las cuales podemos disfrutar. Su rayo es rosado y representa su amor por todo lo que nos rodea; la bella naturaleza. Si en algún momento quieres conectar y apreciar más el mundo y la Madre Tierra con todos sus elementos, Ariel la sanadora y guardiana de ésta asiste en eso. Una señal que está cerca tuyo es que comienzan a aparecerte leones, no literal que aparece un león, pero sí en imágenes de manera seguida, tienes visiones con ellos o te sientes atraído(a) por tener su imagen cerca. Por ejemplo, quieres comprarte alguna pieza de cerámica que ves, prendas o cualquier otro accesorio con leones, esos guardianes por excelencia de la naturaleza por su fuerza.

Otra cualidad que tiene este ángel es que te puede ayudar a inspirarte a lograr tu máximo potencial. Si quieres conectar con su energía puedes:

- Meditar haciendo alusión a la naturaleza o cerca de ella y agradecer su existencia.
- Comprar una planta o plantarla y comprometerte a cuidarla.

¿Ya ves cuántas opciones tienes a tu disposición? ¡Aprovecha!

Comentarios/ Planes Para Mí:

_____

_____

_____

_____

_____.

10

LO NEGATIVO AMA EL POSITIVO

¿Sabías que según los filósofos chinos las fuerzas opuestas interconectadas que se necesitan la una a la otra se les conoce como "Yin Yang"? Todo lado oscuro requiere de una posibilidad o ánimo claro para ser. Igualmente, sucede del lado claro por naturaleza, sin esa gota negra, sin ese reto existente, no sería ese copo de nieve que resalta entre ese aceite oscuro que deja el vehículo que pasa a toda prisa. ¿Qué quiero decirte en Español? Una mujer es considerada el "Yin", ese lado pasivo, oscuro y allegado a la Tierra entre otras cosas. El hombre, "Yang", es activo, masculino y relacionado al Cielo. Este texto te ha encontrado para que te permitas reflexionar acerca de una verdad tan primitiva. Existen tendencias por naturaleza y por esos primeros años claves en la vida de cualquier ser humano, pero uno tiene el poder para modificar ese lado oscuro o claro y mantener un equilibrio saludable para tu beneficio y el de los que te rodean. Con esto expuesto, es claro que cada uno juega un papel en la sociedad.¿Qué papel juegas? ¿Te gusta? ¿Te consideras una persona que tiene equlibrio entre su "yin-yang"? Luego, si tus respuestas son más negativas que positivas, haz algo. Acciona, teniendo en cuenta que no existe ningún ser humano perfecto, sino el que encuentra un balance idóneo entre su dualidad.

Te recomiendo para autoconocerte entrar en estado de conexión y concentración, sin prejuicios y con honestidad. Esos son los ingredientes mágicos para lograr esta fórmula. Luego que logres conectar de esta manera, puedes sentarte a identificar tu dualidad como ser humano quien es parte de un todo y el papel que juegas como individuo. Te regalo una tabla acá abajo para que puedas utilizarla, conectarte con tu "Yin Yang" y balancearlo de ser necesario luego de.

Yin	Yang	Escribe Yin o Yang si tienes una de las dos características o tendencias y escribe Yin Yang si tienes las dos.	¿Están balanceados en este momento? Sí o No.
Pasividad	Actividad		
Relacionado a la Tierra(terrenal)	Relacionado al Cielo(divino)		
La quietud	La inquietud		
Otoño/Invierno	Primavera/ Verano		
Lo oscuro(noche)	Lo claro(día)		
Lo frío	Lo cálido		
Absorción	Penetración		
La intuición	La razón		
Suavidad	Dureza		

Comentarios/ Planes Para Mí:

_____

_____

_____

_____

_____.

11

SÉ ESE CAMBIO QUE QUIERES

Imagen de Ángel, Luto y De luto.

¡Cambio, cambiar, cambia! Seguramente esas son palabras que todo el mundo escucha a menudo. Muchos quieren que algo o todo cambie en su vida, pero ese pero tan temido llegó. Piensa por unos instantes en esa(s) partes de ti y/o de tu vida que no te gustan. ¡Espera! Mejor piensa en esas que sí te agradan. Ya empezaste el cambio. ¡Sonríe! Cuando anhelamos cambios, el primer paso es agradecer, haciendo un inventario de todo lo que tenemos y queremos conservar. Pueden ser personas, cualidades, bienes, bienestar físico, sueños, entre otras cosas. Con una mente clara en positivo, tendremos la capacidad de eliminar, reducir y en algunos casos ignorar lo negativo. Recuerda: Sé ese cambio que quieres.

Una clave que comparto contigo es que los ángeles y arcángeles están ahí para ti y te asisten con los distintos cambios que puedas estar atravesando o que atravesarás. Aunque en la Biblia los más que se mencionan son los tres principales (Miguel, Rafael y Gabriel) existen otros arcángeles que son parte del ejército infalible de Dios. Algunos ejemplos de cambios son los siguientes:

- **Cambio de Hogar/País/Mental/Empleo/Localización Física.** El <u>Arcángel Uriel</u> te ayuda con los cambios personales. Su nombre significa <u>Luz de Dios.</u> No dudes en pedirle su asistencia porque Él se encarga de transmitirnos la comprensión mental y emocional cuando pasamos por un momento de desesperación y/o prueba. Además, nos ayuda con nuestra vocación espiritual y material. Piensa en él como un psicólogo o psiquiatra celestial, el cual te ofrece Iluminación, puesto que cuando recurrimos donde un doctor o terapista buscamos claridad y alivio, ¿cierto o falso? Cierto.

- **Cambio Físico/Salud (todos los tipos).** Por ejemplo, cambio de salud en cualquiera de sus ramas: mental, física, espiritual, ambiental o emocional. El <u>Arcángel Rafael</u> es idóneo y el Custodio Celestial que se encarga de ayudarnos y aliviarnos a los seres humanos con cualquier carga que nos impida vivir una vida saludable. Su nombre significa <u>Curación de Dios.</u> Ayuda a recuperar algo que consideres perdido. Pídele permiso a Dios primero y luego llama al Arcángel Rafael, ese médico celestial, para que te muestre qué te está causando esa falta de salud, así podrás saber qué hábitos mejorar o cambiar para sanarte. En referencia al cambio físico, otro arcángel maravillo es <u>Chamuel</u>. Al ser conocido como el Ángel del Amor, cuando nos referimos al amor propio y por los demás, él se encarga de mostrarnos eso que necesitamos cambiar o liberar para gozar de una autoestima sana.

- **Cambio de dirección/para ser más compasivos/de pensamiento.** Su nombre significa <u>Misericordia de Dios</u> y ¿cuál es? El <u>Arcángel Jeremiel</u>. Este arcángel está encargado de hablarte a través de sueños y/o visiones para comunicarte mensajes importantes de cambios de dirección, pensamiento y espirituales que nos lleven a no cometer errores viejos, inclusive de vidas pasadas y por el contrario tomar decisiones buenas. Por lo tanto, te muestra y te ayuda para que revises tu vida y tus cargas emocionales y así puedas restaurarte y te llenes de esperanza. Es un ángel compasivo que te puede traer calma en medio de las preocupaciones y tristezas diarias, el adherir consecuentemente la compasión, incluyendo la propia. También, al comunicarte sus mensajes te deja saber que hay que tomar las cosas o sentimientos de manera positiva para ser mejores personas. Lleva una antorcha con él, símbolo de la luz y la claridad que éste trae. Se dice que si alguien sueña con una luz o rayo color violeta oscuro es porque el arcángel Jeremiel quiere comunicarse.

- **Cambio por pérdida de un ser querido.** Cuando desafortunadamente, estamos atravesando un luto, ya sea físico o emocional, ese ser de Luz que te ayuda a sobrellevar el proceso se llama el <u>Arcángel Azrael</u>. Puedes pedirle que te permita sentir a tu ser querido cerca y si es un luto emocional, que puedas continuar tu vida sin sentir tan fuertemente el peso de su ausencia. Durante esos periodos de luto, de cerrar ciclos y liberación emocional debido a crecimientos espirituales, Azrael es el candidato que mejor llena y cumple con ese puesto de trabajo. Recuerda siempre pedirle permiso a Dios, quien es el Ser Supremo. Según una tradición de la religión católica, se cree que el Arcángel Miguel, el más importante y poderoso de los arcángeles, se comunica con las almas antes de morir para ayudarlas a redimirse al momento de partir del plano terrenal. Es por eso que en la Iglesia Católica existen oraciones para San Miguel y es visto como el derrumbador del ángel caído, Lúcifer.

Comentarios/ Planes Para Mí:

_____

_____

_____

_____

_____.

12

APRENDE LA LECCIÓN;
NO LA REPITAS

Seguramente has escuchado la frase famosa que habla de la vida y lo buena escuela que es que si no aprendes la lección te la repite, ¿cierto? Basado en eso, cuando buscamos olvidar (recordar sin esa molestia) y soltar un pasado doloroso el Arcángel Uriel; La Luz de Dios y ayudante eficaz se dispone a hacerlo. Pídele su asistencia para que junto a Dios, o esa Fuente Divina de tu creencia puedas finalmente dejar de repetir las mismas experiencias una y otra vez con diferentes personas y en distintos lugares. Nunca eres demasiado mayor y/o joven para aplicar las enseñanzas de la Escuela de la Vida. Es importante tener claro que los Ángeles de la Luz están disponibles para ayudarte en todo momento, pero necesitan que tú tengas una apertura mental para que a través de sus diferentes manifestaciones puedan aconsejarte y guiarte con su Luz como intercesores y ejército de primera línea del Padre Creador.

Tranquilo(a) que a todos nos ha pasado de alguna manera u otra. Lo importante es que esas situaciones tienen una solución cuando utilizamos las herramientas correctas y se las facilitaré. Por eso estoy aquí. Una parte la juega el famoso karma, lo cual es una creencia de justicia invisible que trasciende y establece que todo acto se te es devuelto, pero no deseo enfocarme en eso ahora porque creo que la mayoría sabe lo que es el Karma. Hay calcomanías, canciones y hasta camisas que lo anuncian. De lo que sí quiero contarte es acerca de los problemas, patrones, situaciones de escasez que son heredadas de nuestros ancestros. Hay dos lados, el lado de la madre o Divina Femenina y el lado del padre, o Divino Masculino. El Divino Femenino quiero abreviarlo a **DF** y el Divino Masculino a **DM**. Teniendo esto claro, les contaré los aspectos en nuestra vida que trabaja cada uno. El DF tiene que ver con lo siguiente:

- **Abundancia de Merecimiento.** La Abundancia que nos llega está ligada directamente a nuestra relación con la Madre. Para que ésta pueda fluir libremente debemos aceptar a nuestra Madre, no desde el ego o nuestras expectativas, pero desde nuestro interior de una manera profunda en nuestro consciente. No es que olvides lo que has vivido con ella, pero debes perdonar de corazón, aceptándola por lo que es realmente y no por nuestro ideal de lo que debe o debió ser o por si está o estuvo en nuestra vida cuando la necesitábamos. De tal manera, la abundancia de merecimiento y de receptividad fluirá abiertamente en nuestra vida porque estamos en paz, hemos sanado esa herida que viene desde antes de nacer y somos neutrales con respecto a la mamá que nos tocó.
- **Seguridad/Autoestima/Amor Propio.** Estos tres aspectos tan importantes para caminar una vida digna y con el carácter necesario para alejarnos de todo aquello que nos perjudica, están también relacionados con el DF. Te daré unos ejemplos de conductas que los envuelven:
  - **Dificultad para decir No.** Te preguntan o dicen que si quieres hacer algo y en realidad no quieres, pero se te dificulta negarte y terminas haciendo cosas que no quieres en realidad.
  - **Búsqueda o necesidad de agradar.** Sin darnos cuenta (porque muchas de estas conductas pasan desapercibidas por nosotros, pero para el resto no o tal vez sí), caemos en esa tendencia a que cada vez que te relacionas ya sea con la familia, amigos o en el trabajo haces muchas cosas que otras personas no harían en tu lugar, das la milla extra, te olvidas de ti e inviertes tu tiempo buscando esa aprobación por decirlo así. Se manifiesta también cuando emprendemos algún proyecto y no fluye como esperamos o lo aplazamos, no tenemos la confianza para continuarlo, terminarlo o nos quedamos paralizados pensando si será lo suficientemente bueno porque en el fondo existe esa duda y huella debido a ese rechazo por parte de mamá si es tu caso que no te otorgaba la seguridad, el amor que querías/necesitabas y/o si te abandonó parcial o totalmente se ve reflejado en varios aspectos de tu vida como en un proyecto, ya mencionado anteriormente, en un trabajo, con la pareja, familiares, etc.

○ **Dejarte y tus necesidades para último.** Esta conducta es contraproducente porque muchas veces te sacrificas, gastas dinero demás, vas a lugares que no tenías planificado ir, te desgastas, dejas de hacer las cosas que alegran tu corazón o te sales de tu agenda por alegrar o complacer a la otra u otras personas. En otras palabras, le das más importancia a los demás y a sus cosas que a ti y lo tuyo. Se podría decir que te abandonas para ser y estar para el resto de tu entorno. En muchas ocasiones los demás no lo ven o valoran como tal, podrían hasta tomar ventaja de este comportamiento, así que es una conducta poco conveniente para tu salud mental y en general.

• **Relaciones poco sanas o codependientes.** El bloqueo con nuestro DF lamentablemente lleva a tomar decisiones poco orientadas o que terminan llenándonos de dolor y desaciertos. Muchas veces terminamos en relaciones donde predomina la codependencia emocional por el miedo a estar solos o porque papá y/o mamá nos abandonó y no nos sentimos suficientes para salir de ahí; queremos sentirnos aceptados. También, sucede por una autoestima baja donde atraemos personas difíciles o complicadas a nuestra vida y adoptamos el papel de salvador inconscientemente o queremos que sean el nuestro porque en nuestras relaciones interpersonales actuamos desde esa carencia.

• **Colocarse en el papel de víctima.** Esta conducta es cuando creemos que todo nos pasa a nosotros, nuestra subconsciente nos hace pensar, hablar y actuar como víctimas en un sentido literal. Ejemplo de expresiones en papel de víctima son: Todo me pasa a mí, siempre me hacen lo mismo, Juanito esta ahí porque es el favorito, siempre me dejan la peor parte de todo, etc... En otras palabras, todo siempre parece tener algo mal y/o todos tienen la culpa, menos yo. Lo que se escapa de este comportamiento es el daño que nos hace porque cuando actuamos como víctimas, los otros nos tratan como tal y la vida nos seguirá mostrando situaciones de una u otra manera para que nos demos cuenta y aprendamos a salir de esa mentalidad de víctima.

- **Sentir culpa.** Aprendemos a sentirnos culpables automáticamente con o sin razón. Un ejemplo sencillo es cuando siempre decimos sí y en una sola ocasión tenemos que decir no porque de verdad se imposibilita hacer lo pedido. En otras palabras, te culpas de situaciones que están fuera de tu alcance.

- **Incapacidad para perdonarte.** Esto ocurre mucho y es cuando nos juzgamos fuertemente y no somos empáticos con nosotros. Resulta que en ocasiones o casi siempre, tienes la capacidad para hacerlo con los demás, mas no contigo.

- **Miedo a ser rechazado(a)/Dar mucho y recibir poco.** Estas conductas las junté porque van de la mano, ya que una lleva a la otra. El miedo que nos genera no encajar en un grupo o estar solos, termina jugándonos en contra. Damos mucho y recibimos poco o nada. Eso nos pone en una posición injusta donde llenamos al otro u otros, pero nos vaciamos porque estamos dando desde una carencia.

- **Tendencia a compararte con los demás/Autosabotaje.** Esta conducta es dolorosa como no tienes idea. Cuando te imaginas una vida específica y se te escapa de las manos luego de algún tiempo, ¿qué sucede? Les cuento que comienzas a acumular inconformidad, envidia cuando analizas los resultados de los demás versus los tuyos y esto a veces ocurre sin intención, sino que se presenta como consecuencia de ese desentendimiento de tu realidad. Eso lleva a que no te alegres sinceramente del éxito ajeno, sea de quien sea, y si es una persona que te ha hecho daño, lo sientes más intensamente. Hay que tener conciencia de que estas conductas llevan a la frustración, odio, resentimientos e infelicidad. También, sucede cuando somos nosotros el primer obstáculo en nuestra vida hacia lo que queremos lograr por autosabotearnos.

- **Miedo de ser juzgado/Falta de seguridad/Sacrificio de sí.** A veces este patrón comienza a proyectarse desde pequeños y nos persigue hasta una larga edad o en el peor de los casos, vivimos siempre con una máscara para cumplir con lo que la sociedad o nuestra familia nos dijo que debíamos ser, pensar y hacer. En otras palabras, vives frustrado, sin identidad y desorientado buscándole sentido a tu existencia y/o buscando la aprobación externa. Cuando estás frente a esas figuras importantes, de impacto, importancia o autoridad en tu vida, inconscientemente te limitas o no te muestras como eres a un cien porciento por esa misma situación de sentirte inseguro o el pato feo del clan y por miedo de enfrentar el rechazo te sacrificas.

Todos estos puntos nos abren o bloquean nuestra intuición, el poder para manifestar lo que queremos, la habilidad de atraer desde una frecuencia elevada y la creación. ¿Sabes por qué es importante atender esto? Debido al derecho innato que tenemos de vivir conectados con nuestra capacidad ilimitante y de ser felices. No sé si lo sabes, pero el propósito macro o incluyente de estar en este Planeta Tierra juntos es precisamente alcanzar la felicidad.

A continuación, te daré esas herramientas tan útiles y efectivas para cambiar del disco compacto donde suena esa canción que te pusieron y que no elegiste conscientemente, a esa que sí baila con tu alma.

Opción Número Uno (#1):

Siéntate y realiza el siguiente ejercicio: viajaremos en el tiempo, así que (tu nombre) ponte el cinturón y mucha paciencia. Empezaremos a recordar. En lugar de decirte vamos *de regreso al futuro* como es el título de la película de comedia y ciencia ficción *"Back to the Future"*, este viaje se centra en nuestro pasado solamente. Quiero que regreses a tu infancia, a esos recuerdos de niño(a). Trata de recordar tus inicios en este mundo. ¿Qué es lo más que recuerdas? Ahora pregúntate, ¿Cómo te hace sentir? ¿Quiénes están contigo? ¿Qué papel jugaron en esos momentos? ¿Dónde están papá y mamá? ¿Te sientes amado(a) y protegido(a)? Bien, saca una hoja de papel donde anotas todo lo que quieras acerca de esas memorias, o para hacértelo más fácil, al final de cada consejo hay una sección donde puedes escribir, también en la parte de atrás llamada Notas Importantes de éste tu libro ahora. Te aconsejo que este ejercicio lo hagas cuando te sientas lista(o), presta(o) y dispuesta(o) porque toma sus minutos, ya que usarás mucho tu imaginación y emociones. El tiempo en que lo termines dependerá de la facilidad que tengas para conectar con tus emociones e imaginación al momento.

Ahora utilizaremos una técnica/mantra hermoso y que proviene de Hawái. Se llama el Ho'oponopono y consiste en perdonarnos y perdonar a las personas que nos han lastimado a través de unas palabras/frases poderosas. Su mención nos permitirá además de practicar el perdón honesto, encontrar el balance, reconciliarnos con nosotros mismos y la vida, y recuperar el sentido de valor porque son sanadoras: (1)Lo Siento, (2)Por Favor, Perdóname, (3)Gracias, (4)Te Amo. Las puedes repetir con los ojos cerrados o abiertos. Lo importante es la intención que se le ponga. ¿Ya entiendes por qué me encanta agradecer lo más mínimo? ¿Hasta el agua antes de tomarla? Estoy segura que sí lo entiendes.

Opción Número Dos (#2):

Llamar al Arcángel Zadquiel(Zadkiel), quien es perfecto para transmutar lo negativo en positivo. Puedes prender una vela morada o blanca si la consigues o si gustas para conectar con su luz y pedirle que junto a Dios, a la Fuente Suprema, saquen de tu corazón rencores, dolores, sentimientos negativos como el odio, patrones destructivos para que por medio de su sanación y liberación se transformen en Amor.

El Arcángel Zadquiel, por si no lo conoces, es un ángel perteneciente al Reino del Cielo. Su nombre significa Justicia de Dios. Entre sus capacidades adicionales al don de ayudarnos a perdonar, se encuentran la benevolencia, la bondad y la libertad de las cargas. Además, dentro del don que posee de ayudarnos a perdonar, nos limpia el karma de otras vidas, la culpa y las ataduras diarias de la vida. Una simple llamada para que interceda por ti con el Padre Celestial puede ser la que sigue:

"Arcángel del rayo violeta transmutador, tú benévolo Zadquiel, a quien Dios ha otorgado el don de ser justo, te llamo a esta hora para que hables con mi Creador y me ayuden a soltar los pesos de ésta u otras vidas que voy cargando hoy y no me permiten avanzar en Luz y Amor." ¡AMÉN!

Opción Número Tres (#3):

Haz una lista de afirmaciones para reprogramar tu mente y limpiarla de esos patrones de vibración baja que estancan tu evolución espiritual, emocional y hasta material en muchos casos. Te invito a que de ahora en adelante sustituyas lo primero por lo segundo, refiriéndome a lo siguiente:

- ~~Tengo miedo.~~
- Soy capaz y valiente.

- ~~¿Por qué me pasa esto?~~
- ¿Para qué me pasa esto?

- ~~Yo soy así y no voy a cambiar.~~
- Todo comienza dentro de mí. Me amo porque es de seres humanos cometer errores. Estoy abierto(a) al cambio con amor y gratitud.

- ~~Estoy cansado(a) que me pasen las mismas cosas y me traten mal.~~
- Atraigo Amor y Luz. Se me hace fácil poner límites y mantener relaciones saludables con los demás.

- ~~No me valoran y no me entienden.~~
- Soy suficiente y no necesito la aprobación de nadie para ser feliz.

- ~~Estoy endeudado(a) hasta el cuello y no tengo tiempo para nada.~~
- Nací para ser abundante y feliz por naturaleza. La vida me llena de oportunidades para lograrlo.

- ~~No sé por qué los demás logran mucho y yo parezco quedarme atrás.~~
- Dios y la vida me van presentando las oportunidades de acuerdo a lo que necesito en el momento justo y preciso.

- ~~Es que eso es lo que me tocó vivir. No puedo hacer nada.~~
- Escojo la paz y amarme para estar bien y poder amar sanamente.

- Puedo con todo solo (a). No necesito que nadie me ayude.¡Error!
- Estoy abierta (o) a que las ayudas lleguen a mí cuando las necesite realmente.

Opción Número Cuatro (#4):

Practicar el Reiki y/o sanar a través de música que emita sonidos positivos. La palabra Reiki está dividida en dos sílabas "Rei" que es energía universal y "ki" la Energía de Fuerza Vital. Es una técnica sanadora de la antigüedad desarrollada por el monje zen japonés Mikao Usui, al cual se le conoce como el Padre del Reiki porque la difundió y logró con eso iniciar a 21 alumnos antes de morir, convirtiéndolos en maestros de Reiki. La misma utiliza la imposición de las manos en el ser para que la Energía de Fuerza Vital Universal remueva cualquier bloqueo energético existente con el fin de sanarlo. Es usado en complemento con la medicina convencional como terapia adicional en ciertos hospitales y locales o también se puede realizar remotamente. Hasta nuestras mascotas pueden gozar de los efectos de esta terapia energética. Algunos beneficios que ofrece el Reiki son:

- Conseguir el estado de meditación
- Aliviar el dolor y la tensión
- Para las personas que han sido operadas, poder hacer el proceso de cicatrización más llevadero.
- Reduce el estrés y la depresión
- Aumenta la claridad mental y la concentración

Luego de conocer esas opciones efectivas para sanar y reconciliarnos con nuestro lado femenino, ahora es importante que identifiquemos esos aspectos de nuestra vida que se afectan cuando el lado de nuestro padre, o el Divino Masculino (DM) como te comenté hace un rato atrás, está bloqueado. Ellos son los que siguen:

- **Fuerza para Manifestar, Liderar o Accionar.** Es esa capacidad activa y fuerte para manifestar nuestros sueños e ideas. Cuando esa energía del DM está bloqueada, se nos hace difícil tomar decisiones para darle forma a algo o lo hacemos de una manera poco sana en busca de probarnos que sí podemos(ego), pero no por la fuerza que mueve a un verdadero líder (un bien mayor). Se nos hace difícil manifestar prosperidad en la vida, que es la capacidad de sentirnos realizados, pero no necesariamente por motivos o razones económicas, es decir, por ser ricos de dinero y cosas materiales.

- **Falta de firmeza, constancia y decisión.** Así como muchas personas hemos crecido siendo enseñados a ver la figura del hombre como la base y autoridad firme en las familias, cuando tenemos el DM herido o bloqueado, nos falta firmeza para mantenernos en nuestra postura ante proyectos que queremos o hemos emprendido y también se dificulta tomar decisiones concretas y llenas de claridad.

- **Análisis y lógica.** Estos dos procesos mentales se encuentran en el lado izquierdo de nuestro cerebro, lo cual se expresan a través de nuestro lenguaje y cómo razonamos ante las situaciones. Cuando ellos no están bien equilibrados, no puedes relacionarte con los demás de manera conveniente porque tu razonamiento te lo impide.

- **Individualismo/Egoísmo.** Esa falta de pensar en el otro, en el mundo, en el colectivo, todo es yo, yo y yo porque soy autoritario(a) o egocéntrico(a)y mis anhelos o necesidades son lo único que prima en mis relaciones interpersonales. Esa oración es un ejemplo de una conducta cuando nuestro DM no está fluyendo balanceadamente.

- **Manipulación.** Este aspecto en nuestras relaciones a veces aparece mucho. En este caso es una forma de irrespetar a otra persona. Anteponemos nuestra manera de razonar y no nos cabe considerar la de los otros como una que esté correcta. Por eso creo que este aspecto también está ligado al egoísmo.

- **Competitividad.** El ser competitivos es una energía asociada a nuestro lado masculino, pero en desmedida nos afecta. Esa necesidad por demostrar que tengo o soy más que tú recae en una actitud vanidosa y poco cariñosa. Eso rimó. Además, que se cae en orgullo y hasta terquedad cuando no aceptamos o nos empeñamos en ignorar y no confiar en las capacidades de los demás y cómo pueden contribuirnos, siempre y cuando sea necesario.

- **Intolerancia/Apatía o hasta Arrogancia.** Esto se manifiesta cuando vivimos sin poder evitar el ejercer un juicio sobre los demás. Si carecemos de empatía y a la vez tenemos exceso de críticas, ínfulas de superioridad o la apatía reina en nuestras vidas es un ejemplo claro de esta energía desproporcionada.

- **Desconfianza/Rigidez/Querer tener el control/Miedo a fracasar.** Todas esas maneras de sentir y actuar las adoptamos cuando tenemos el DM herido y desequilibrado. Queremos ser perfectos, tener todo bajo control, nos aterroriza actuar en momentos porque nos gana el miedo a perder y desconfiamos de los demás y sus habilidades. Ahora ¿En qué momento estamos? Es el momento de encontrar los remedios para sanar/equilibrar nuestra energía masculina. Acá abajo tienes varias alternativas o prácticas:

Opción Número Uno (#1):

Adivina ¿Cuál es la primera opción con la que contamos? **El autoanálisis.** Si aprendemos de nuestra energía femenina y masculina, obtenemos la habilidad de hacer un autoanálisis y descubrir qué aspectos de la energía femenina hay que trabajar. Lo mismo se puede hacer con la energía masculina. Antes de continuar, quiero aconsejarte que seas lo más honesto posible contigo. Esto se logra apagando nuestro ego por un momento y no juzgándonos, sino simplemente reconociéndonos. Luego que se consigue la claridad, se puede comenzar a implementar pequeños cambios positivos. Te preparé una tabla como ejemplo de autoanálisis. Espero que te funcione si crees necesitarla.

Con todos los aspectos ya mencionados del DF y el DM en este consejo número doce (12), sólo es cuestión de autoanalizarte, asincerándote para luego escribirlos en sus respectivas secciones como **fortaleza o debilidad.** Ya con eso claro y realizado, podrás encontrar la solución o soluciones que mejor apliquen a tu caso.

Fortalezas Divino Femenino	Debilidades Divino Femenino	Fortalezas Divino Masculino	Debilidades Divino Masculino	Soluciones

Opción Número Dos (#2):

Afirmaciones. Estas frases y/o palabras maravillosas ayudan a hablarle a nuestra subconsciente para romper patrones que ni reconocemos. Con estas afirmaciones, ella hará las paces con la consciente:

- Soy fuerte por naturaleza y sé accionar correctamente.
- Sé poner límites saludables en todas mis relaciones, empezando conmigo.
- Aprendo a manejar mi independencia con éxito y buen juicio, incluida la económica.
- Disfruto el presente y el ahora que la vida me regala. Así encuentro la verdadera felicidad.
- Desarrollo mis planes y los llevo a cabo de manera integral.
- Respeto las creencias de los demás y no interpongo las mías como único modo de vida.
- Confío en mí, pero cuando necesito ayuda afuera estoy confiado(a) en que las personas correctas aparecen.
- Vivo con propósito y por un bien mayor, no por supervivencia.
- Soy una persona tolerante y me limito a juzgar o criticar a los demás.

Puedes repetir el o los que te gusten, teniendo en cuenta esas áreas que debes o sientes trabajar. Trata de hacerlo al menos durante una semana y si puedes hasta treinta días. La meta es que tu subconsciente se reprograme, borrando patrones poco convenientes para ti. Cada persona es distinta y puede requerir menos o más tiempo.

Opción Número Uno (#1) para ambos (Divino Femenino y Divino Masculino):

Existe una herramienta sanadora y que requiere solamente de papel y lápiz o bolígrafo, como gustes. Le llamo **la carta sánate y luego sana.** Sí. En el proceso de sanación, es altamente recomendada y no sirve sólo como desahogo, sino que va más allá porque conectas de una manera profunda contigo, con tus emociones y con todas las personas involucradas, lee bien, sin que necesariamente tengas que entregarle la carta a nadie. Suena bien

¿cierto? De hecho creo que es mejor si la carta se escribe y no sale de ti porque tienes la libertad de ser tú completamente sin herir la sensibilidad de otros, pero es a discreción. Si eres una persona que le cuesta admitir sus errores ante los demás o que no se siente capaz de expresar lo que siente con palabras, esta opción es ideal para ti porque trabajas esas emociones a la manera tuya, la que te funciona, al tiempo que perdonas y te disculpas directamente en el caso que así lo desees. Por el contrario, si estás herido(a) por acontecimientos que sucedieron hace mucho tiempo atrás, tan atrás que se remontan a tu niñez, primero tendrás que hacer un gran trabajo mental de memorias e introspección. A continuación, te muestro qué debe contener la carta:

Primero piensa en ti y en las personas relacionadas. Ahora, comienza a contestar las siguientes preguntas. Imagina que eres escritor de cuentos y estás narrando siguiendo este orden y que así como los escritores de cuentos, el final lo decides y escribes tú. Ahora bien.

- ¿Qué fue lo que pasó?
- ¿Cómo te hace sentir?
- ¿Qué emociones te llegan cuando recuerdas ése o esos momentos?
- La otra u otras personas ¿saben cómo te sentiste o sientes al respecto?
- ¿Tienes idea de por qué sucedió?
- ¿Sientes que eres culpable?

En el caso que hayas iniciado un conflicto tú y es una carta dirigida a alguien que sigue y quieres en tu vida con el fin de hacer las paces, es el momento que le pidas una disculpa y luego te perdones para finalizar la carta. Si la carta se quedará contigo, te aconsejo una afirmación o decreto como este que te preparé y que puedes decir en voz alta o en tu mente, justo antes de cerrarla:

"Ha llegado el momento de soltar, de sanar viejas o no tan viejas heridas, de perdonarte y de perdonarme también porque hicimos o hice lo mejor que podíamos en ese entonces con lo que teníamos disponible. Te perdono y me perdono porque merecemos cerrar memorias de dolor que me asfixian y me cortan las alas. Quiero volar y ser libre del sufrimiento. Por eso hoy, desde y con el Amor, la Luz y la Gratitud te libero y me libero (3 veces)." ¡AMÉN! o ¡Así Es! Puedes terminar con la palabra o frase que sientas más en tu corazón.

¿Qué hago con la carta una vez la termine de escribir y haga la afirmación de cierre? Tienes más de una opción.

La carta se puede quemar (con mucho cuidado) en un lugar donde caigan las cenizas de forma segura. Te recomiendo que luego las lleves a un parque o donde abunde la grama y/o la tierra, ya que las absorberá y las cenizas tienen un efecto fertilizante además de estimulante para el crecimiento de la tierra por el fósforo y otros nutrientes que tienen. Ese sería el caso si eliges como opción depositarlas ahí. Al tiempo, es un acto simbólico que haces, es decir, que al llevar esas cenizas para que la Madre Tierra transmute esa energía negativa en positiva, ya que la naturaleza está perfectamente balanceada, atraes el mismo efecto liberador a tu favor. También, puedes prender una vela en tu espacio, te recomiendo que sea de color blanco que es símbolo de purificación o negra, la cual ayuda a protegerte y mantener las energías adversas y los bloqueos lejos para que comiences a leer tu carta en voz alta o baja, como prefieras y te dé paz. Tienes la decisión en tus manos de, si quieres, colocar la carta en un sobre de envío de correo, escribirle destinatario (¿a quién o quiénes va dirigida?) y remitente (tú) como si la fueras a enviar oficialmente, pero en lugar de hacerlo la pones en un área de tu espacio/casa donde esté segura y no la veas permanentemente. Es un acto mágico en donde a través de los recursos que tienes y de manera simbólica actúas con códigos o puertas de resolución ante esa carencia, trauma o dolor que necesita ser sanado. Imagina una metáfora, donde tu espacio es un correo porque este último tiene de trabajo entregar paquetes y cartas, en este caso tus asuntos y peticiones. Ya con esto habrás terminado.

Quiero que recuerdes que estos procesos internos llevan su tiempo. Imagina que estás sembrando un jardín y tienes que esperar con paciencia a que cada fruto rinda su sabor a un ritmo y tiempo propio. Lo mismo pasa contigo. Le estás presentando una solicitud a tu inconsciente para que cambie algo, por lo cual, requiere de semanas o hasta más de un mes para que sientas un cambio o un fruto rendir su sabor en ti. Durante ese tiempo puedes experimentar enojo, tristeza, melancolía o frustración, pero es parte de esa liberación que requiere revivir momentos desagradables y/o de dolor para soltar, sanar sinceramente y avanzar en la vida.

Opción Número Dos (#2) para ambos (Divino Femenino y Divino Masculino):

Recuerdo haber leído una nota en un periódico digital llamado Clarín. Era sobre terapias alternativas que trabajan el Divino Femenino y el Masculino para sanar el cuerpo y el alma. Se llama la Alquimia Sexual y se basa en armonizar el DF y el DM a través del acto sexual, ya que éste juega un papel súper importante en la vida de las personas. Uno de los expertos en el tema, el sexólogo Adrián Sapetti, menciona que en el Tantra (conjunto de prácticas de origen oriental y además esotéricas que se centran en obtener sabiduría, conexión espiritual y autorrealización) la energía divina se compone de la femenina y la masculina. A la femenina le dan el nombre de Shakti y a la masculina Shiva. Shakti aporta el cambio y la creación y Shiva la conciencia con la perceptividad y que basado en esta práctica, a un nivel espiritual, esas energías serían inseparables y trabajarían en conjunto para vivir de acuerdo a ella. Entonces, para eso tienen encuentros sexuales. Termina exponiendo que cada vez se encuentra más ese término de alquimia sexual en la red como alternativa de sanación sexual, pero que también hay otras que se basan en el mundo interno y las energías. *Clarín. com Espiritualidad.(04/09/2013 16:06). La alquimia sexual, para armonizar la energía. Clarín.* https://www.clarin.com/edicioninternacional/

Les comparto esta información porque cuando tenemos asuntos no resueltos, traumas y bloqueos energéticos de este tipo, la energía positiva no puede fluir del todo porque choca con la resistencia de los mismos. Hay milagros esperando por nosotros, pero al resistirnos energéticamente no llegan a lo tangible o los podemos tocar, pero desaparecen. Imagínate un globo que tienes en la mano y coge vuelo sin haberlo terminado de atrapar bien. Así es. Por eso la importancia de identificarlos para sanarlos porque la culpa, el miedo, la toxicidad, la rabia, el sufrimiento, etc son energías bajas que nos impiden avanzar y ver la vida con los mismos ojos que la Divinidad. Hay que saber que esos bloqueos y heridas emocionales heredadas se le pasan a los hijos, por eso la importancia de liberar y sanar porque de esa manera no solamente nos liberamos nosotros de esas repeticiones, sino a los hijos automáticamente y a la familia.

Quiero aclarar también que el uno (DF) o el otro(DM) no son exclusivos por el sexo de la persona. El Divino Femenino(DF) no se origina de la mujer ni excluye a los hombres y lo mismo ocurre con el Divino Masculino (DM). Para poder vivir en un mundo mejor y donde ser mujer u hombre no represente una desventaja o jugar cierto rol exclusivo, más bien una dualidad balanceada, justa y constructiva en lugar de destructiva, hay que romper el exceso que se sabe cuán dañino puede ser y complementar nuestros lados femeninos con los masculinos; o sea, nuestra capacidad de recibir, de nutrirnos con la de decidir y accionar.

Comentarios/ Planes Para Mí:

_____

_____

_____

_____

_____.

13

SUELTA Y CONFÍA

¿Has visto alguna vez esa imagen en donde aparece Jesús y una niña frente a él con un peluche pequeño en su mano? A Jesús se le ve con un peluche grande, pero que la niña no puede ver en el momento. Ella no quiere soltar su peluche porque lo quiere y está aferrada a él, pero Jesús le dice que confíe en Él y se lo entregue. Asimismo como Jesús hizo con esa niña, hará contigo. Por eso la invitación a que sueltes y confíes.

Esto se puede ver reflejado en aspectos decisivos como un cambio de empleo o una mudanza, pero también en otros simples de la vida cotidiana. Por poner ejemplos:

- No dejar de usar ese color que no te gusta ni representa porque te dijeron que ése es el que se te ve bien. Confía en ti y suelta.
- No dejar de complacer a todos y por dentro ser un valle de dolor. Esto es cargar con dos mochilas muy pesadas que te imposibilitan moverte bien.

Te conduce a situaciones acerca de si tienes una sensación de ya no pertenencia con respeto a alguien o algo en tu vida, como por ejemplo la manera de vestirte, que hasta ayer te gustaba, te hacía pensar: Éste(a) soy yo, pero ya hoy no; está bien y no está mal. Si quieres dejar maneras viejas de proyectarte, no te sientas culpable o te reprimas. Somos seres naturalmente en movimiento, no estáticos. La frase es clara: ¡Suelta y Confía! Recuerda que Dios y tu alma que te conocen mejor que tu mente ya han visto y saben más de lo que posiblemente hoy estés presenciando. Suelta lo que ya no para que puedas gozar de lo que sí quiere ser y es, desde el momento que lo asumas.

Recuerda dos (2) datos confiables que puedes aplicar:

- Hagas lo que hagas, hazlo y luego suéltalo confiando en lo que has hecho.
- Háblale a tu cuerpo, escúchalo y luego comprométete a actuar a partir de esa conversación con él.

Comentarios/ Planes Para Mí:

_____

_____

_____

_____

_____.

14

LLUVIA DE BENDICIONES

Si has estado pensando: ¿qué pasará?, ¿qué obtendrás? Imagina una fuente que se prende cuando caminas frente a ella, llena de luces hermosas que iluminan y mejoran el ambiente, activando para ti una descarga de beneficios; todos esos deseos que has querido materializar, tanto los tangibles como intangibles. Utiliza todo ese poder mental que tienes para crear una lluvia de bendiciones. Cada vez que veas un deseo llegar a tu mente, sonríe y agradece. Uno por uno. Puedes visualizar creativamente y si no te sale, utiliza palabras y míralas como deseos que te pasan enfrente y obtienes. Siéntete bien. Este simple ejercicio es poderoso y un modo de manifestación sencillo, donde por medio de la visualización mental y emocional positiva y la conexión con tu Ser Superior, todo el potencial mental que posees como ser humano comienza a responderte. Sumado a eso, a través de la gratitud, le estás informando a la Fuente Divina que eso es lo que quieres y que valoras lo que ya tienes. Por eso es que se cree que la gratitud es un imán para los milagros. ¿Cómo así? Es así porque absolutamente todo lo que existe en el Universo contiene y es energía. Es por eso que emites la tuya y esa Energía de Fuerza Vital Universal es educada y te contesta. Con esto claro, quiero invitarte a que comiences a implementar la gratitud en tu diario hasta que sea un hábito, sí un hábito bonito. ¿A quién no le gusta lo bonito? No conozco a alguien porque cuando hablo de bonito me refiero a toda la extensión de esa palabra. Por eso te muestro cuatro maneras fáciles y efectivas de agradecer a diario:

1. **Orar/Rezar.** No importa si todos los días haces la misma oración o rezo. Tampoco si es corto o largo. Lo que importa es el acto.
2. **Decir GRACIAS.** La palabra gracias acompañada o sin acompañante es clara y potenciadora. Si careces de tiempo para

adentrarte en rutinas muy abarcadoras, di gracias solamente para que contribuyas a un bien mayor.

3. **Respetar a todos los seres.** Con esto me refiero a todos los seres vivos, incluyendo la Madre Tierra; la naturaleza. Cuando respetamos la vida ajena y los recursos naturales tenemos claro que formamos parte de ellos y ellos de uno. También, cuando hacemos buen uso de los recursos materiales que obtenemos, eso es una acción agradable y una forma de decir gracias.

4. **Repartir positividad a alguien o algo.** Una simple sonrisa o acto de bondad como darle paso a una persona mayor y esperar con paciencia a que cruce, hace la diferencia en tu vida y la vida de alguien más. También, cuando haces algo que no necesariamente es tu obligación, pero te nace y lo llevas a cabo. Por ejemplo, recoger la basura que alguien olvidó en un lugar público para embellecer y cuidar el medioambiente. Da lo que quieras recibir. Si quieres ser escuchado, escucha, si quieres amor, da amor y así vas ganando y recibiendo.

Imagen de Playa, Hoja y Hoja verde.

Comentarios/ Planes Para Mí:

_____

_____

_____

_____

_____.

15

TU ÁRBOL DE LA VIDA

Imagen de Árbol, Atardecer y Nubes.

¿Te has preguntado qué compone el Árbol de tu Vida?

Anota o piensa lo siguiente:

- ¿De dónde vengo? eso, ¿quién me hace? ¿Qué he logrado hacer hasta el momento? ¿Qué se ha desprendido de mí a través de los años? ¿Qué he logrado o quiero lograr?

Esa es tu parte como individuo, ahora vamos a extendernos un poco y a incluirnos en el colectivo. Piensa en esto y contéstate.

- ¿Quiénes me acompañan? ¿Qué o quién me mantiene con ánimos para vivir? ¿Qué tengo para ofrecer al mundo? ¿Pienso que voy por el camino correcto?

Sé sincero. Responde como si nadie pudiese leer o juzgarte. Este es un gran mapa para que reconozcas dónde te encuentras en la vida, haciendo un análisis introspectivo con el propósito de preguntarte qué frutos quieres que tu Árbol de Vida siga produciendo o por el otro lado, replantearte para sembrar unos nuevos.

Mira este fragmento de una canción que me gusta tanto del compositor y cantante, entre otras cosas, Diego Torres. Se llama *Que no me pierda* y en su último coro dice así:

"Que no me pierda en la noche
Que no me pierda en el vino
La vida vale la pena
Si aprendo a hacer el camino
Si aprendo a hacer el camino."

En otras palabras, esta canción nos invita a disfrutar la vida, pero con y en conciencia con la consciencia, los cuales son dos conceptos parecidos, pero distintos. La primera conciencia, es la capacidad de distinguir entre el bien y el mal a un nivel moral y ético, reconociendo los actos propios y ajenos. La segunda consciencia con "s", es un estado en el cual somos capaces de reconocer la realidad de las cosas y relacionarnos en ella. Un ejemplo sencillo podría ser el tirar basura a la calle. ¿Cómo lo ves? En ese sentido, como ciudadano responsable tu conciencia te indica que no se debe hacer porque te pueden multar y porque no está bien moralmente. A nivel de consciencia, sabemos que todo en este planeta tiene energía. Las plantas y los animales son seres vivos al igual que nosotros, por lo tanto, merecen todo el respeto, ya que habitan aquí con nosotros como esa calle que también hace parte y donde no se debe tirar la basura, sino mantenerla limpia por nuestra seguridad y por preservarnos y al medioambiente que la Divinidad nos regaló, sabiendo que todos estamos entrelazados, es decir, lo que haga uno afecta al otro o a lo otro de una forma directa o indirecta.

Un o mejor unos datos extras acerca del Árbol de la Vida por eso de cumplir con la tarea de cada día aprender algo nuevo, ¿sabes quién es el arcángel encargado de encaminarnos hacia el Árbol de la Vida? Metatrón.

El Arcángel Metatrón es maravilloso y reconocido en el judaísmo místico y en la angeología, mas no en la Iglesia Católica. Tiene una función celestial primordial que se la ganó por sus méritos, aunque no esté presente en las Sagradas Escrituras que reconoce la Iglesia católica; la Biblia. Los tres arcángeles reconocidos por la Iglesia Católica, por ser mencionados en la Biblia son el Arcángel Rafael, "Médico o Curación de Dios", Miguel, "Quién como Dios" y "Poder de Dios" o Gabriel. Metatrón es el copista o notario del cielo y quien protege la entrada a éste, siendo a su vez conocedor de todos los secretos acerca de la creación. Ahora viene la parte interesante de este arcángel, quien una vez fue humano y ascendió al cielo sin atravesar por la muerte para convertirse en el Arcángel Metatrón. ¡Qué increíble! En vida fue el bisabuelo de Noé, el del Arca de Noé, sí. ¿Quieres saber cómo se llamaba cuando era un ser humano? Enoc. En la Biblia Reina-Valera 1960 que tengo, dentro del libro Génesis en el capítulo cinco, versículos veintiuno al veintinueve habla o mejor expresado, hay una escritura sobre esto: "Vivió Enoc sesenta y cinco años, y engendró a Matusalén. Y caminó Enoc con Dios, después que engendró a Matusalén, trescientos años, y engendró hijos e hijas. Y fueron todos los días de Enoc trescientos sesenta y cinco años. Caminó, pues, Enoc con Dios, y desapareció, porque le llevó Dios. Vivió Matusalén ciento ochenta y siete años, y engendró a Lamec. Y vivió Matusalén, después que engendró a Lamec, setecientos ochenta y dos años, y engendró hijos e hijas. Fueron, pues, todos los días de Matusalén novecientos sesenta y nueve años; y murió. Vivió Lamec ciento ochenta y dos años, y engendró un hijo; y llamó su nombre Noé, diciendo: Este nos aliviará de nuestras obras y del trabajo de nuestras manos, a causa de la tierra que Jehová maldijo" (Génesis 5:21-29).

Sí y era un profeta que viajaba al cielo a través de visiones hasta que al final de ellas se convirtió en Metatrón. Uno de los posibles significados de su nombre es El que comparte el Trono. También, al ser tan importante en el judaísmo ellos lo consideran como "el pequeño Yahweh" o pequeño Yahvé porque según ellos, después de Dios es uno de los seres más poderosos del Cielo. Se dice que este arcángel posee el libro de la vida, donde están escritos los secretos de la humanidad. Este arcángel es respetado y muy reconocido en el Cábala "Kabbalah". Si no has escuchado o no sabes lo que es Cábala, es la disciplina esotérica de origen judío que estudia la relación entre

Dios y su creación (el Universo con toda su humanidad respectivamente). Se cuestionan infinidad de preguntas, las cuales se debaten mediante la interpretación mística de textos bíblicos (los primeros cinco de la Biblia conocidos como el Pentateuco para los judíos y que conforman el Torá, libro sagrado para ellos). Precisamente, uno de los textos más importantes para la Cábala es el del "Árbol de la Vida". A través del tiempo, con esta práctica de interpretación generaron interrogantes que se preservan hasta hoy día y son las destinadas hacia el propósito de obtener la revelación del todo. En la actualidad, se cree que la Cábala es una doctrina dada a la humanidad por Dios sin ninguna condición y además favorecedora. Existe otra creencia para lo que es la Cábala hoy día, pero para efectos del árbol de la vida y el Arcángel Metatrón saber esto será suficiente. Por eso al hacer referencia al árbol, Metatrón es según la Cábala quien lo supervisa, simbolizando el árbol la unión entre Dios y nosotros los humanos. Dentro del árbol de la vida, en la práctica del Cábala hay diez sefirot o irradiaciones espirituales provenientes de Dios al momento de crear todo lo existente. Kéter, una de las diez sefirot es la corona y la génesis o principio para el resto. Es la esencia de manera libre, la voluntad y unión con el Creador. A su vez, es la base de todas las manifestaciones que se generan en nuestro mundo. Metatrón es el encargado de supervisar la kéter del Árbol de la Vida, el árbol a su vez y las energías relativas al cosmos, enlazando lo terrenal con la Divinidad. Es por eso que este arcángel es un ser muy importante para los rabinos (en el judaísmo se le atribuye ese término a los maestros; personas distinguidas).

El Arcángel Metatrón ayuda de manera integral, así como ayudó y dirigió al pueblo de Israel durante su salida desde Egipto hacia la Tierra Prometida. Al haber transcurrido este mundo como Enoc, conoce el proceso humano, por lo cual, facilita el camino hacia la iluminación. Imagina que Metatrón al proteger la entrada del Cielo y el Árbol de la Vida, divide el bien del mal.

¿Quieres saber unos últimos, pero no menos importantes (como decía un maestro en mi escuela) hechos acerca del Arcángel Metatrón?

- Te cuento que Metatrón tiene a su cargo los registros akáshicos de toda la humanidad y ¿qué son los registros akáshicos? Esos registros contienen información de toda la existencia de un alma. Al tener esa información del pasado, los hace infinitos y divinos, pues datan desde el comienzo de todos tus tiempos. Al Metatrón ser portador y vigilante celestial de esa sabiduría de Dios, los ángeles guardianes le piden la información a Él y así éstos pueden ayudarnos a nosotros los seres humanos a evolucionar y/o perfeccionar nuestra alma.

- Metatrón contiene un cubo sagrado de trece (13) círculos iguales que están unidos por líneas rectas y abarca toda la geometría de la creación de Dios. Adentro hace referencia al aire, el agua, la tierra, el fuego y el espíritu. Por eso representa el flujo del Universo con todo lo que existe con y en él. Se usa como un instrumento de inspiración y de protección porque aleja las energías negativas, al tiempo que limpia y promueve la energía Universal positiva que revela. Hay personas que lo compran en prendas, pirámides de decoración o lo imprimen gratuitamente para tenerlo cerca o en alguna puerta o ventana, ya que se cree que tiene el poder de mantener las energías contrarias lejos y al tiempo calma e inspira con la divinidad que trae consigo. Interesante, ¿cierto?

- Se describe su aspecto físico como un ángel con trescientos sesenta y cinco mil (365,000) ojos y treinta y seis (36) pares de alas con una esencia de fuego divina. Además de tener trescientos sesenta y cinco mil (365,000) ojos, trescientos sesenta y cinco (365) años dice la Biblia en el libro de Génesis que Enoc vivió aquí en la Tierra antes que Dios se lo llevara al Cielo. (Génesis, capítulo cinco: versículos veintidós al veinticuatro (Génesis 5:22-24).

- Metatrón es el arcángel encargado de guiar a todos los niños en su camino por la Tierra y por el Cielo. ¿Saben por qué es esto? Por la función que cumplió de haber guiado al pueblo de Israel en el desierto hacia la Tierra Prometida en el *Zóhar*, el libro del esplendor. Es un texto sagrado-místico judío además de cabalístico. Él cuida y ayuda a los niños con su espiritualidad, educación y a que alcancen sus metas y sueños. Ya sabes papá y/o mamá quién puede además de Jesús y su padre Dios, ayudar con los niños y su buen camino en la vida porque a ellos hay que dejarlos ser, pero ayudarlos en su desarrollo a través de proveerles confianza y seguridad en sus dones para que logren elevar la consciencia humana y hacer del mundo uno más generoso y justo para todos los que están y vendrán, sin olvidar honrar a los que ya no; nuestros ancestros.

- Metatrón tuvo un hermano gemelo, el profeta Elías, quien luego se convertiría en el Arcángel Sandalfón.

Comentarios/ Planes Para Mí:

_____

_____

_____

_____

_____.

16

EL MILAGRO DEL CAMBIO

Cuando realmente estás cansado(a) porque tu vida pierde un poco o todo el sentido o simplemente las cosas no han salido como esperabas o se te han salido de las manos; Ahí es. Justo es ahí cuando empieza a ocurrir un verdadero cambio para ti. Si estás atravesando ese momento ahora, sé que duele y que no crees lo que lees o quizás sí, pero no sabes cómo o cuándo. ¡Tranquilo(a)! Comienza haciendo una pausa. Piensa en la o las situaciones y cómo puedes cambiarlas o cambiarte para que presencies los milagros del cambio. Si estás atravesando alguna catarsis o crisis emocional, necesitas Luz Divina. Ya te lo he mencionado a lo largo de este recorrido textual, pero ¿sabías que los Arcángeles son seres espirituales, guías y protectores divinos que nos ayudan a poder transitar por esta Tierra de una manera en la que nos sintamos acompañados de forma permanente, independientemente de lo que atravesemos? Es así. Quiero que sepas que la palabra Arcángel significa el que lidera, supremo y ángel es mensajero de Dios. Precisamente, ellos como mensajeros de Dios ayudan a su pueblo, o sea, a nosotros a acercarnos a Él. Están encargados de supervisar a la Humanidad y para eso Dios les dio un rasgo característico de Él. Al estar cerca de nosotros, son observadores además de comunicadores entre lo terrenal y lo espiritual, y es a través de esos dones especiales otorgados por Dios que nos ayudan grandemente. Un dato importante es que siempre están prestos y dispuestos a asistirnos siempre que se lo pidamos, pues es su misión. Te explico todo esto porque si has llegado hasta aquí o en algún momento crees necesitar un rebusque entre estas páginas para hallar una ayuda celestial, un mensajero directo de y asignado por Dios, cabe recordarlo una vez más, es el <u>Arcángel Uriel</u>. Uriel es conocido como la Luz de Dios y por lo tanto, proporciona sabiduría y buena conciencia divina para que las personas se acerquen a Dios. Es protector de los seres humanos así como los otros arcángeles y custodio por excelencia de las personas ansiosas que están viviendo una crisis existencial y por ende, andan en búsqueda de claridad, paz y tranquilidad. Él ayuda a abrir los caminos adecuados que brindan soluciones ante esos problemas o intranquilidad. Inclusive, es una tremenda compañía para ti si andas desorientado acerca de cuál es tu vocación material y espiritual en esta vida. Es brindador de la buena suerte y de bienes materiales bien merecidos. Por eso algunas personas lo asocian con la abundancia, prosperidad y le piden protección y éxito económico. Su color es el naranja. ¿Sabes por qué? Con ese color rodea el trono de Dios, ya que el naranja está ligado con el fuego que no se apaga y el sol que ilumina. Sí. Según la psicología, el color naranja puede brindar emociones de positividad como deseo de éxito, creatividad, construcción y seguridad. Ahora, estarás pensando cómo un color hará eso por ti. Sí, hay muchos misterios en el mundo y ése es uno de ellos porque resulta que a veces tenemos todas las herramientas a la mano para sentirnos bien y mejorar nuestra vida en todos los sentidos, pero como nos parece imposible de creer o estamos distraídos con las tendencias mediáticas, las obviamos. Ésa es una de las razones por las que siento la necesidad de compartir esto y lo demás contigo.

Dato extra del cambio y sus milagros:

¿Por qué el cambio está relacionado al o los milagros? Porque piensa tú, ¿qué son los milagros? Son sucesos que no esperamos o quizás sí, pero que no estamos seguros si los vamos a recibir porque no todo el mundo cree en ellos o aún creyendo, por lo cual es que cuando ocurren nos sorprenden. Entonces, cuando por ejemplo sentimos un cambio o queremos cambiar algo y accionamos para obtener resultados diferentes en nuestra vida, actuamos desde esa perspectiva, salimos de nuestra zona famosa llamada la zona de comodidad y, ¿qué termina ocurriendo? un milagro, es decir, eso que queríamos, pero que al tiempo no estábamos seguros que recibiríamos, pero resulta que sí y nos sorprende. ¿Ya vas entendiendo? Sé que sí. Los cambios no son tarea sencilla de asimilar todo el tiempo porque el ser humano tiende a temer lo que desconoce, pero cuando nuestra alma, nuestro ser nos pide un cambio hay que confiar en el milagro o milagros que esconde consigo.

Comentarios/ Planes Para Mí:

_____

_____

_____

_____

_____.

17

SI ESTÁS INDECISO; ESPERA

A veces la vida tiene una manera muy extraña, diría misteriosa de hacer las cosas (en realidad las hace a través de uno). El Señor Padre dijo una vez para que se repitiera indefinidamente en Proverbios capítulo veinticinco, versículos dos al cuatro (25:2-4) "Gloria de Dios es encubrir un asunto; pero honra del rey es escudriñarlo. Para la altura de los cielos, y para la profundidad de la tierra, y para el corazón de los reyes, no hay investigación. Quita las escorias de la plata y saldrá alhaja al fundidor". (Proverbios 25:2-4 Reina-Valera 1960). ¿Qué significa o cómo aplica esto contigo? Cuando tengas que tomar una decisión importante, si te aplica ahora, hasta que no logres decidir con certeza; espera. Somos hijos de Dios y como tal Él nos ha dotado de dones como la inteligencia para que podamos investigar nuestros asuntos más a fondo el tiempo que nos tome antes de proceder con claridad ante una decisión.

Por experiencia propia y ajena, he visto cómo adelantarse a los hechos nos hace arrepentirnos luego de esa acción tomada. Es que una mente sin claridad es un camino fácil para debilitarte, bloquearte y como resultado cometer errores. Ahora bien, ¿será que esa claridad falta en ocasiones porque las situaciones así lo sugieren? Me refiero por falta de elementos o personas involucradas. Un ejemplo del por qué de la falta de claridad puede ser el tiempo. Sí, sucede que a veces pensamos hacer algo, pero como hay un refrán sabio que dice algo parecido a esto: El tiempo es el mejor aliado o amigo, pues le hacemos caso. ¿O es que en otras tantas nos quitamos las gafas empañadas, vemos todo claro y luego nos las volvemos a enganchar para no ver? Entonces ese tiempo pasa de ser amigo a enemigo, ¿será? ¡Piénsalo! ¿Cuál es tu caso? En lo que piensas, te dejo una oración para pedir claridad al Cielo:

"Querida e infalible Divinidad, carezco de valentía, fuerza y claridad para ver, sentir, decir y pensar lo que me conviene. Sé que allá arriba hay un Dios benévolo y poderoso capaz de interceder a la hora de mi llamada. Permíteme sentir claramente, como la luz penetra en mis pensamientos y recibo su ayuda. Estaré agradecido(a) por siempre. Confío en que está hecho. ¡AMÉN! (3 veces)".

Otra opción que tienes es:

- **Pedir ayuda angelical para conectar con tu intuición**. Hay un arcángel que es predilecto para conectar con nuestra intuición porque nos ayuda con nuestra energía Divina Femenina o "Yin" porque posee belleza, gracia y sabiduría espiritual. Se llama <u>Arcángel Haniel</u>. Su energía es femenina, aunque hay quienes piensan que masculina. Eso dependerá de tu conexión personal con cada ser celestial porque es cuestión de percepción. En mi caso, lo veo como una energía femenina, ya que lo siento así y porque en el plano espiritual y astral está ligado al Planeta Venus, que al igual que la Luna son planetas mujeres. Estoy casi segura que has escuchado ese dicho popular "Los hombres son de Marte y las mujeres de Venus". Según la tradición de los judíos y la angeología, el nombre Haniel significa <u>"Gloria de Dios", "Gracia de Dios" o "Alegría de Dios". Los judíos consideran a este ángel como uno de los siete(7) arcángeles escogidos por Dios.</u> Haniel es como una Diosa de la Luna, porque les comenté que la luna tiene efectos sobre nuestras emociones. También, sobre nuestra inteligencia e intuición porque la intuición es un forma de inteligencia emocional que nos induce a tomar decisiones apropiadas y acertadas. Es un ángel presto y dispuesto para guiarte y recordarte conectar con tus sentidos. Se le asocia con la Esmeralda y la Rosa. ¿por qué? Con la Esmeralda en el plano terrenal y por su vestido que lleva de ese color y con la Rosa porque la rosa simboliza la armonía, la paz del amor y el aprecio además de la belleza. En el plano celestial se le asocia con el Planeta Venus, el planeta del amor y que es mujer. Al estar conectada y asociada con la Luna, asiste a cualquier persona que se lo pida a vivir en armonía con las distintas fases lunares.

Durante la fase lunar Llena ayuda a descargar o soltar lo negativo o lo que necesites soltar, en la creciente y menguante a conectar con tu intuición, precisamente (tu voz interior) para hacer cualquier ajuste en la dirección de tu vida de ser necesario. Durante la Luna Nueva a realinear, alinear o intensificar tus objetivos. Por eso es bueno e importante tener apertura a nuestra sabiduría divina que es una brújula que no falla para que andemos derechos como soldado y conectemos con la energía del amor, soltando el miedo que es lo contrario.

Ahora, ¿quién es Haniel según la Biblia? Para la Biblia, Haniel es el "Príncipe de la Tribu de Manasés" donde se dice que jugó un papel importante. Se dice que fue elegido por Moisés para que lo ayudara en su propósito de repartir la Tierra. Moisés se aseguró de separarle la ciudad de Golán para que estuviera disponible en caso que la necesitaran los que pertenecieron a la tribu de Manasés. Su nombre siempre se relacionó con ser obediente al Padre Creador. Por eso el significado que su nombre obtiene para los judíos: "Gloria o Gracia de Dios". Se dice que fue descendiente del hijo número ocho de Jacob; Aser. Su misión consistía en ser jefe de su familia por parte de padre. Fue un escogido por el Padre Creador como el guardían de Príncipes. En la Biblia, aparece como ese ángel designado a llevar a Enoc (luego Metatrón) al Cielo.

En Números, capítulo treinta y cuatro, versículo veintitrés lo menciona de la siguiente manera: "De los hijos de José: de la tribu de los hijos de Manasés, el príncipe Haniel hijo de Efod" (Números 34:23). Ese texto es de la Biblia versión Reina-Valera del año mil novecientos sesenta (1960).

• No puedo dejar de decirte un dato que lo cambia todo. ¿Cómo sé que es la intuición la que me está hablando? La intuición es eso que te llega primero, esa corazonada, tenga sentido o no para ti en el momento. Lo segundo o lo que aparezca luego de eso, es la mente o tu ego hablándote.

Comentarios/ Planes Para Mí:

_____

_____

_____

_____

_____.

18

EL "YIN YANG" QUE NO COMPRENDES

Quizás te has topado, aún lo haces y sino lo harás en algún o varios momentos a lo largo de tu caminar con personas, cosas, eventos que te provoquen cuestionarte el por qué de ellos, de eso o de lo otro. Es algo que a todos los seres nos toca pasar y si aún no como mencioné anteriormente, lo experimentarás porque es un proceso natural de esta Tierra en la que habitamos. Se puede apreciar en algo tan simple como una batería, la cual emite una frecuencia negativa y otra positiva. Las dos en conjunto crean esa ENERGÍA de funcionamiento ideal que necesita su receptor o destinatario. En este caso El "Yin", ese lado oscuro, pasivo, terrestre y ligado con lo femenino se complementa con su antónimo, El Señor "Yang", Energía opuesta ligada al lado claro, activo, celestial y enlazada a lo masculino. Esta unión imperfecta perfecta crea un orden universal apto y exacto aunque a veces parezca que no lo es. Así es como la palabra balance cobra su lugar, aceptado por unos y tan despreciado por otros. Es importante saber que "Yin" no podría existir sin "Yang" y viceversa porque cada uno tiene algo del otro. Esa unión crea nuevas cosas. Un ejemplo sencillo que te remonta al origen de todo es como se une el hombre (Adán) y la mujer (Eva) al principio de los tiempos, siendo a través de esa unión que se recrea y hace posible la vida humana. Dios sabía muy bien como ser misericordioso que es lo que podía pasar con su creación y quedó demostrado. Luego, al enviar a Adán y Eva al mundo para que aprendieran de sus errores en Génesis, capítulo tres, versículos veintitrés al veinticuatro (Génesis 3:23-24) y de ese suceso lleno de pecado surgió la vida como la conocemos en la Tierra. Es por eso, que en vez de tenerle miedo a ese lado distinto que presenciamos en nosotros y en el resto del mundo, debemos empezar por tolerarlo para llegar a ser capaces de entenderlo y con eso a su vez, vivir conscientes de su potencial creador y recreador que no se detiene. De todo este concepto ya explicado, nace la filosofía China del "Yin Yang". Para concluir con el concepto tan famoso que está ahí para quedarse y evolucionar la consciencia del ser humano, piensa en la luna y el sol, dos contrapartes esenciales en la Tierra e inexistentes la una sin la otra. Sin el padre Sol no tenemos día y sin la madre Luna no existiría la noche como la conocemos.

Dato curioso acerca del "Yin Yang":

¿Sabías que según la tradición oriental del "Feng Shui", un arte muy antiguo que estudia armonizarnos con todo nuestro ambiente para alcanzar bienestar, si las mujeres tienen pareja, ellas(las mujeres) deben dormir del lado izquierdo de la cama y su pareja(hombre) del lado derecho? El lado izquierdo en este caso es el que ves si miras de frente desde los pies a la cabeza(cabecero) de la cama. Se debe a la creencia de balancear su lado femenino o "Yin" y que el hombre pueda emplear su energía masculina o "Yang", logrando un equilibrio y mejor comunicación entre ambos, ya que cada cual estaría asumiendo la posición que le toca energéticamente hablando. Si una mujer u hombre no tienen pareja, según esta creencia oriental no importa; de todas formas, cada cual deberá dormir del lado mejor para ellos, o sea, la mujer en el izquierdo y el hombre en el derecho.

Comentarios/ Planes Para Mí:

_____

_____

_____

_____

_____.

19

MANTÉN TU MENTE CLARA

A medida que nos relacionamos con los demás y los escuchamos, dependiendo cómo sean nuestras rutinas y responsabilidades diarias, además del tiempo invertido en el ruido externo, sino aprendemos a separar las voces de quiénes nos rodean de la propia, se comienza a vivir en una confusión mental constante que no permite la identidad propia fluida y una toma de decisiones clara. La buena noticia es que alguien te quiere y puede ayudar; El <u>Arcángel Jofiel</u>. Él es quien está encargado de proveer agilidad mental, inteligencia y sabiduría Divina junto con entendimiento para que actúes desde la Luz. Su nombre significa <u>La Belleza de Dios</u> y desde ese rasgo otorgado por su Padre Creador, podemos aprender de lo bueno y malo de la vida para mantenernos bien encaminados ya que transmite la Luz Divina. Al ser excelente para comunicar y ayudar a que los mensajes se transmitan de manera que se entiendan, las personas que están en posiciones donde se dedican a entregar mensajes, en otras palabras, que son líderes de la comunicación en cualquiera de sus expresiones, es el arcángel ideal y de mayor apoyo para trabajar. Jofiel asiste con tu trabajo creativo porque te inspira y libera bloqueos que te impiden progresar, ya sea espiritual o creativamente. Te inspira a ver la belleza en ti y en los demás haciendo referencia directa a su significado Belleza de Dios. Además que si necesitas terminar algo que empezaste, pídele la fuerza y energía para hacerlo.

Ahora que el mundo ha entrado al tiempo de un Nuevo Despertar donde otros le llaman la Nueva Edad y por tal razón, muchas personas han comenzado trabajos personales transformadores te invito a que aprovechando las influencias celestiales te preguntes del uno al diez (1-10), ¿Cuán inspirado te sientes en la vida a nivel personal? Ahora, pregúntate lo mismo acerca de tu vida profesional y/o vocación. Dependiendo de tus respuestas, sabrás si es tiempo de pedir un poco de colaboración divina. Ya tienes por donde comenzar; una luz que no todo el mundo tiene la bendición de encontrar lamentablemente porque esta vida no les da o porque están encerrados en sus creencias limitantes, pero quiero que entiendas que nunca es tarde para ser feliz. Que uno puede serlo aún en los momentos ordinarios de la vida como en esa fila del supermercado que parece interminable justo en el momento que tienes un compromiso en poco tiempo, y por encima de todo, miras a tu derecha para ver dos personas que acaban de tropezar contigo y siguen como si no existieran los modales. Llegas a la caja para que te cobren, sin terminar de procesar lo que te acaba de pasar todavía, pero con la mejor actitud dices: "Hola". La persona que le toca atenderte comienza a cobrar en piloto automático, sin que al menos, sus labios susurren un hola de vuelta. Pasa todo por el carril lo más rápido que puede y de una manera no muy amable te dice el total. Tratas de pagar con la mayor agilidad posible aunque no hayas sido tratado como esperabas y te hayan ignorado. Das las gracias y nuevamente abunda el silencio. Sí, aún en esos momentos de la vida se puede ser feliz, después que cuentes con el apoyo propio y ajeno necesario. Ahí entran Dios y los ángeles protectores. Esas dos fuentes; Dios con sus ángeles custodios y tu capacidad de consciencia para amarte y vivir dentro de una humanidad balanceada entre lo malo y lo bueno.

Dentro de uno, existen energías conectadas a nuestro cuerpo que se pueden trabajar para vivir y estar balanceados física y espiritualmente. ¿Cómo se llaman ellas? Chakras y son círculos o ruedas que contienen la energía vital. Tenemos muchos, pero en el mundo del Reiki, del cual les hablé en un par de páginas atrás de este libro, y también en la práctica de la yoga normalmente los más que se trabajan son siete porque son los principales. Sí, ese número que tanto me gusta y está a cargo de la energía predominante del año 2023. Acá les dejo los siete chakras principales del cuerpo humano, pero antes les debo aclarar que hay personas que conocen del tema y prefieren comenzar por el chakra raíz hasta llegar al chakra corona, partiendo de la idea que estamos aquí plantados en la tierra y desde ahí se asciende a la espiritualidad (al plano que no se ve). Aprendí Reiki conociendo los chakras desde el corona siendo el primero, o sea lo espiritual como base, hasta llegar al chakra raíz donde está nuestra conexión con la tierra, donde fuimos fundados y donde estamos establecidos.

1. **Chakra corona.** Se le llama *Sahasrara* y se encuentra en la parte de arriba de la cabeza, en nuestra coronilla. La luz que desprende es violeta y/o blanca. Su energía fluyendo bien en nosotros representa la espiritualidad, nuestro nivel de consciencia y sabiduría. Sabemos que está bien cuando sentimos lo siguiente: Gratitud, Fé y Guía Divina. Una afirmación conectada a este chakra es: "Yo sé ".

2. **Chakra del tercer ojo.** Se le llama *Ajna* y se encuentra en la frente entre los ojos. La luz que desprende es azul oscuro(índigo) y/o morado. Su energía fluyendo bien en nosotros representa la intuición, la conciencia, la comunicación espiritual, percepción e imaginación. En fin, está ligado con ver más allá de un plano superficial, por lo cual se relaciona a las habilidades psíquicas de una persona. Sabemos que está bien cuando sentimos lo siguiente: buena percepción de nuestro alrededor, sueños reveladores, intuición profunda y buena conciencia. Este chakra está vinculado con la glándula pituitaria o como también se le conoce pineal. Esta glándula regula la serotonina, la hormona mejor conocida como la hormona de la felicidad para muchas personas porque cuando la producimos provoca bienestar. Una afirmación conectada a este chakra es: "Yo veo ".

3. **Chakra de la garganta.** Se le llama *Vishuddha* y se encuentra donde su nombre lo sugiere, justo en la garganta. La luz que desprende es turquesa y/o azul claro. Su energía fluyendo bien en nosotros representa la comunicación (era de esperarse, ¿cierto?), la capacidad de auto expresarse y de hablar la verdad; nuestra verdad. Sabemos que está bien cuando sentimos lo siguiente: honestidad, resonancia, que escuchamos sinceramente y una expresión clara. Una afirmación conectada a este chakra es: "Yo hablo ".

4. **Chakra del corazón.** Se le llama *Anahata* y se encuentra justo ahí, en el corazón, en el centro del pecho. La luz que desprende es verde. Su energía fluyendo bien en nosotros representa amor propio, perdón, compasión, comprensión, relaciones sanas y buena toma de decisiones. Sabemos que está bien cuando sentimos lo siguiente: paz, empatía, aceptación propia, armonía, corazón abierto (no en un sentido literal),

amor incondicional y equilibrio. Una afirmación conectada a este chakra es: "Yo amo ".

5. **Chakra del plexo solar.** Se le llama *Manipura* y se encuentra alrededor del ombligo. La luz que desprende es amarilla. Su energía fluyendo bien en nosotros representa vitalidad, ganas de accionar, responsabilidad. Sabemos que está bien cuando sentimos lo siguiente: poder personal, asertividad, firmeza en las decisiones y seguridad. Una afirmación conectada a este chakra es: "Yo hago ".

6. **Chakra sacro o sacral.** Se le llama *Svadhishthana* y se encuentra del ombligo hacia abajo incluyendo la espalda baja, las caderas, genitales y cubriendo la zona del perineo. La luz que desprende es naranja. Su energía fluyendo bien en nosotros representa la capacidad de movernos, de sentir y conectar. Sabemos que está bien cuando sentimos lo siguiente: pasión por vivir y por la vida respectivamente, conexión emocional, una vida sexual saludable, energía alta y creatividad. Una afirmación conectada a este chakra es: "Yo siento ".

7. **Chakra raíz.** Se le llama *Muladhara* y se encuentra en la coxis, base de la columna vertebral y zona pélvica. La luz que desprende es roja. Su energía fluyendo bien en nosotros representa instinto de supervivencia bien desarrollado, placer en el día a día, fundación sólida, conexión con la tierra, con lo material y espiritual que está a nuestro alrededor y nos mantiene con salud tanto mental como física. Sabemos que está bien cuando sentimos lo siguiente: estabilidad, tranquilidad, seguridad, los pies bien puestos en la tierra, confianza en relacionarnos con el mundo externo y capacidad de enfoque. No se puede proseguir sin aclarar que este chakra es la raíz del resto como su nombre lo establece, por lo cual al ser fundamento (base) si se desequilibra, puede afectar a los otros. Una afirmación conectada a este chakra es: "Yo soy ".

Ahora, si te preguntas, ¿cuál de todos los chakras es más importante? y sin restarle esencia a los demás, el que inclusive está en medio de los otros porque es la base de todo, es el número cuatro (4), el chakra del corazón, donde se logra conectar con el amor más puro y desinteresado que proviene de Dios, de la Fuente Divina, venciendo así a uno de los señores que nos bloquea; el ego.

Imagen de Chakras, Yoga y Meditación.

¿Quieres saber un dato curioso de los chakras, su relación con el Reiki y los Arcángeles?

Resulta que la terapia del Reiki busca balancear y sanar nuestra energía y se hace a través de los chakras. Ya sabes que los chakras principales son siete(7). Al existir el Reiki Angelical, hay Árcangeles, en este caso cuatro(4) que se envuelven en este proceso para ayudar a las personas. Te mencionaré quiénes son estos ángeles maravillosos y en qué chakras se enfoca o enfocan cada uno:

- Arcángel Miguel (**chakra corona**) como te mencioné anteriormente para mí este es el chakra #1, para otros practicantes este chakra es el #7.
- Arcángel Uriel (**chakra del tercer ojo y chakra de la garganta**) como te mencioné anteriormente para mí son el chakra #2 y #3, para otros practicantes estos chakras son el #6 y #5.

- Arcángel Rafael (**chakra del corazón y chakra de plexo solar**) como te mencioné anteriormente para mí son el chakra #4 y #5, para otros practicantes estos chakras son el #4 y el #3.
- Arcángel Gabriel (**chakra sacro y chakra raíz**) como te mencioné anteriormente para mí son el chakra #6 y #7, para otros practicantes estos chakras son el #2 y #1.

Hay otros practicantes de Reiki que utilizan a un Arcángel diferente basado en el color asociado o característica predominante de éste para trabajar cada chakra a su lado. Por ejemplo, el chakra garganta al tener un color azul y San Miguel Arcángel representar ese color con su rayo y además ser justiciero, se invoca para que le permita a las personas comunicar su verdad sin miedo, acompañados de la gran fuerza que aporta este ángel.

Otro ejemplo podría ser el caso del chakra del corazón, el chakra #4, hay Reikistas que trabajan de la mano de San Rafael por su color y por su función de médico celestial por excelencia para sanar las dolencias emocionales, los dolores y falta de compasión con uno y los demás. También, existe la posibilidad de utilizar al Arcángel Chamuel, el Ángel del Amor. ¿por qué? Como ya te expliqué es puro amor, compasión, amor propio, paz, estima, ayuda a conectar con el Amor Divino del Padre Dios, etc. Entonces, se vuelve más que precualificado para la función a llevar a cabo también. Así sucede con cada uno de los chakras, los Arcángeles y la discreción o preferencia del terapista espiritual al momento de realizar la sección sanadora.

Comentarios/ Planes Para Mí:

_____

_____

_____

_____

_____.

20

LA VIGILANCIA DE TUS PENSAMIENTOS

¿Sabes cuántos pensamientos generamos desde que nos levantamos hasta que finalmente nos acostamos a descansar? Tenemos la capacidad de crear sesenta mil (60,000) al día aproximadamente. De ellos, un ochenta (80) por ciento son negativos. ¡Wow! Sí. Imagina ahora que más del noventa (90) por ciento de los pensamientos se repiten. No parece muy conveniente para nosotros ¿cierto? Sí y no solamente eso, sino que los pensamientos negativos tienen efectos adversos para nuestra salud. Un ejemplo sencillo es que influyen directamente en nuestro estado de ánimo, lo cual puede desencadenar en depresión a corto o largo plazo, pero les tengo una mano ayuda angelical que ayuda con esos pensamientos; El Arcángel Zadquiel o Zadkiel, conocido como la Justicia de Dios. Su ayuda es excelente para transmutar lo negativo en positivo. Así que la próxima vez que te sientas perturbado o invadido por tu mente, tienes la opción de pedirle asistencia. Él te mostrará su benevolencia otorgada por y para Dios. Te ayudará a liberarte de esos pensamientos de odio y/o rencor que resultan ser motivo para que el ser humano tienda a recordar lo negativo antes de lo positivo, lo peor es que también a amplificarlo. Por eso muchas personas padecen de ansiedad, lo cual se resume en palabras breves como un terror, intranquilidad o miedo aparente al futuro, en ocasiones sin razón aparente. Sí, sé que aunque parezca no existir una razón aparente, la mente es poderosa y asume que los resultados negativos del pasado siguen y seguirán siendo los mismos aún cuando la raíz que los provocó en el pasado ya no esté o exista en el presente. De ahí proviene la importancia de sanar y de balancear nuestras energías constantemente. Para lograr eso les tengo un ejercicio práctico para que tu mente comience a cambiar de perspectiva negativa a positiva generando más bienestar y contrarrestando esas emociones negativas que te llegan diariamente a causa de los pensamientos. ¿Cómo se llama el ejercicio? **Mi libreta de Gracias.** Acá te explico qué anotas. Es sencillo y no tienes que investigar o estudiar nada más a fondo. Todo reside dentro de tu mente y una vez que comienzas, según van pasando los días se vuelve una experiencia agradable y automática.

- Simplemente escribe Gracias. Seguido por Gracias porque #1, #2...#3. Vas enumerando por qué te sientes agradecido(a). Al principio, si no estás acostumbrado (a) realmente te puedes llegar a sentir limitado(a) de ideas o que no te fluyen rápidamente. Una vez termines de hacer el ejercicio por primera vez, la segunda vez te será más fácil, hasta que adoptes ese hábito mental tan positivo y beneficioso para tu vida. No pasa nada si repites las razones para dar gracias. Diría que es mejor porque potencias tu poder de agradecimiento y atraes más y mejor. ¿Recuerdas o has escuchado el dicho: en lo que te enfocas, eso atraes? Es un efecto multiplicador. ¿Quién no quiere vivir la vida de sus sueños y además sin tener que pasar por todos los tormentos que se viven a veces cuando no tenemos la ayuda o herramientas necesarias y correctas? Lo mejor de todo es que son accesibles para todo el que quiera y se comprometa.

Unas sugerencias adicionales para tu libreta de Gracias.

- Si se te queda u olvidas escribir en la libreta, puedes hacerlo en tu teléfono móvil o hasta recitarlo en tu mente. Es como prefieras y se te haga posible. Lo importante es que agradezcas y lo sientas en tu corazón.
- Si quieres, puedes añadirle a tu libreta de gracias una sección de tus metas y/o deseos, pero sin escribir ninguno de los dos anteriores en tiempo futuro, sino presente o pasado.
  - Ejemplo: Quieres comprarte un carro, entonces escribirías, pensarías o recitarías como sigue: Gracias por el carro que logré comprarme o gracias porque me permites(permiten) tener un carro. Así sucesivamente. ¿Por qué no en modo futuro? Por ejemplo, quiero esto o no tengo lo otro, pero No. Sucede que cuando agradeces le envías un mensaje a Dios, al Universo

de pertenencia, de algo tangible, entonces por eso debe ser en presente o pasado porque afirmas que puedes y que tienes el derecho por naturaleza de tener lo que sueñas. Ese simple acto de forma repetida es mágico. Lo he hecho. Simplemente escribiendo en la sección de notas de mi celular ideas que quería realizar, las marcaba como hechas y resultaba siempre que el día o los días venideros se prestaban las oportunidades para que así fuera. Por eso te invito a que lo intentes. Recuerda que son consejos que nadie me pidió, pero que me han resultado. Por eso creo en su poder y en el de la mente humana.

- Puedes escoger la o las frases de gratitud que más te gusten y las puedes colocar en tu espejo del baño y/o donde cada mañana, tarde, noche o madrugada al levantarte veas ese papel y la o las repitas, finalizando con una sonrisa. Es alentador y agarras fuerza.

Otros ejercicios mucho más fáciles y rápidos de hacer son los siguientes:

- Cada día al levantarte, párate frente al espejo y di algo como lo siguiente:
- Soy un ser maravilloso. Estoy lleno(a) de vitalidad, alegría y capacidad.
  Bendigo mi vida". Repítelo más de una vez. También, antes de acostarte puedes hacerlo para que tu subconsciente empiece a hacerle caso a tus palabras y notes un cambio eventualmente.
- Si por X o Y razón te llegan pensamientos negativos, cámbialos diciendo: Cambio y Fuera,. Eso no es cierto, y vuelve a enfocarte en la tarea: agradecer.
- También te recomiendo consagrar tu café, té, jugo verde o bebida mañanera antes de tomarla diciendo: "Me llenas de productividad y sabiduría. AMÉN". El Amén tres(3) veces.

Deseo que se te haga un hábito recurrente y hasta diario agradecer y/o decretar.

Comentarios/ Planes Para Mí:

_____

_____

_____

_____

_____.

21

NO FUERCES LO QUE ES NI LO QUE NO

Siento la necesidad de hablarte, en este caso escribirte acerca de este punto que obviamos o no reconocemos cuando se van presentando las situaciones en nuestra vida. Esto aplica para relaciones personales, familiares, de trabajo y hasta con uno mismo; la relación más importante luego de la de y con Dios (Fuente Mayor o como decidas nombrarle). Existe una diferencia notable cuando algo fluye con alguien, viceversa y cuando una persona fluye con otra a cuando no. Ahora, la pregunta de los 74,000 pesos es: ¿Cómo sé cuando algo sí es y cuando no es? Sencillamente escúchate y escucha tus emociones. Normalmente, las emociones están ahí para hablarnos e indicarnos cuando algo se siente bien y cuando algo se siente fuera de sitio. Un ejemplo sencillo es cuando tienes un dolor de barriga porque ingeriste algo una y otra vez que te produce el mismo efecto vez tras vez o cuando un zapato es muy pequeño para nuestro pie, pero lo queremos sí o sí, ¿qué sucede luego? Seguramente le ocasionarás a tus pies a corto o largo plazo problemas circulatorios, juanetes entre otros efectos más. Lo mismo se puede trasladar a las situaciones y personas cuando uno fuerza lo que es y lo que no es. Si te has topado con esto, te invito a que reflexiones sobre qué situación o persona puede ser ese zapato apretado que duele o incomoda a tu alrededor. Para eso quiero presentarte a alguien que te puede ayudar, al guerrero espiritual por excelencia de Dios; <u>San Miguel Arcángel</u>. Su nombre significa Quién Como Dios. Es el arcángel más famoso y al que más se le pide, pues venció al mismo Lúcifer ¡Qué Dios reprenda! Él trabaja para erradicar todo mal. Por eso siempre acude si sientes que estás en cualquier tipo de peligro o que estás siendo atacado por envidia, maldad o que tu alma puede perderse del buen camino. Él erradica tus creencias limitantes para que puedas fluir y llenar tu vida de bienestar mental, emocional y físico. No dudes en pedirle ayuda porque él es el jefe de la milicia celestial, puesto otorgado por el Padre Creador. Hay una oración famosa en la religión católica que ha tenido alcances mundiales para los creyentes y para la Iglesia. En un momento revelador quien la escribió fue el Papa León XIII. La última parte dice: *"y tú, Príncipe de la Milicia Celestial, arroja al Infierno con el Divino Poder a Satanás y a los demás espíritus malignos que andan dispersos por el mundo para la perdición de las almas. Amén".* Es claro el poder que tiene el arcángel San Miguel en el mundo, ya que simboliza la justicia divina de Dios. Cuando este arcángel se hace presente en tu vida lo sentirás porque tiene una energía muy fuerte y predominante. Puedes invocar su asistencia imaginando un rayo azul que viene dirigido hacia ti desde su espada protectora. Él te deja saber de su presencia de manera clara ya que es muy fuerte.

Ejemplo: Vas caminando por un centro comercial y sientes una presencia de luz que te acompaña y por eso quieres saber además de Dios, ¿cuál es? Pues San Miguel es tremendo comunicador y le encanta hacerte saber de su compañía. Comienzas a pasar por pasillos y notas el nombre "Michael" o Miguel repetidamente o sino puede ser que vayas caminando y a alguien le suena el celular "ring, ring". Cuando de repente ves que quien llama a esa persona en la pantalla dice ser Miguel.

Así de maravilloso y directo es ese arcángel azul de Dios. Por eso pide ayuda si tienes algo en tu vida que atesoras mucho, pero tiendes a forzarlo por el miedo a perderlo, ya que sientes mucha maldad a tu alrededor. Puede ser en ámbito laboral, familiar u otro. Lo mismo para lo que fuerzas consciente o inconscientemente, pero que no te conviene porque te aleja del camino bueno, como a esa oveja descarriada por falta de pastor. En ambas situaciones, para lo que fuerzas que sí es para ti y para lo que al contrario, fuerzas que no lo es, cuentas con San Miguel Arcángel, pues es su especialidad estar disponible para la humanidad, ya que es el trabajo que desempeña como mano derecha de Dios.

Imagen de Jurídico, Derecho y Justicia.

Comentarios/ Planes Para Mí:

_____

_____

_____

_____

_____.

22

SUSTITUYE EL NO POR SÍ, LA QUEJA POR GRATITUD, EL MIEDO POR CORAJE Y CONTINÚA

Resulta más fácil negar que admitir, temer que enfrentar, culpar que culparse y enmendar, quejarse antes de agradecer ¿cierto? Nos ha pasado a todos en algún, varios u otros muchos momentos. A veces la vida no resulta ser lo que uno espera y por eso enfermamos; Sí. Enfermamos de estrés, desánimo, queja, depresión, inconformidad, frustración. Sí, frustración de ver lograr al otro u otra a quién creemos ante nuestro concepto y con la ayuda del señor Ego "inferior" a nosotros o a nuestra capacidad. La buena noticia es que se puede salir de ahí y comenzar a sentirnos mejor con nosotros, con lo que somos y por dónde nos ha llevado las decisiones tomadas. Los ingredientes que necesitaremos (no muchos) serán los siguientes:

1. Voluntad
2. Autoexamen
3. Integridad
4. Aceptación
5. Ayuda

Si te das cuenta, todos esos ingredientes ya están disponibles, no cuestan nada y solamente está en ti preparar esa receta de positivismo infalible. Un dato para el ingrediente número cinco(5): el Arcángel Miguel, el más poderoso de todos los arcángeles y mano derecha de Dios está listo para ayudarte, pero debes aceptar la ayuda primero y poner los otros ingredientes que faltan. Si no puedes porque te falta fuerza o creencia, pídele que junto al Padre Supremo te las dé para conseguirlos. Ya estás listo (a). ¡Suerte!

No puedo terminar de darte mi consejo sin mencionar a otro arcángel divino. Todo el mundo sabe quién es, pues él, como mensajero de Dios que es, anunció la venida de Jesús al mundo. Se llama el <u>Arcángel Gabriel</u>. Su nombre significa el Poder de Dios. Es quien está más cerca a la Humanidad, ya que su puesto es ser el Embajador de Dios en la Tierra. Este arcángel hace posible que implementes el positivismo en tu vida, ya que es sinónimo de claridad, lo cual a su vez hace referencia a lo claro, a lo divino, a lo puro. Él nos muestra lo lindo que tenemos para dar. Gabriel dice que nacimos para ser felices, en otras palabras, que no vinimos al mundo a padecer de sufrimiento. Si sufrimos (excluyendo naturalmente las pérdidas de seres queridos), es por falta de entendimiento o propósito mayor.

Entonces, ya con todos estos consejos de autoayuda que has recibido, los cuales son puros, lindos, poderosos por, para, de y con Dios junto a su ejército de arcángeles ¿cómo no hacer algo con esto? ¿Cómo no cambiar ese no por un sí gigante? ¿Cómo no sustituir esa queja tormentosa con una libreta de gracias? ¿Cómo no atreverse a enfrentar al miedo de una manera más empoderada y armada para enseñarle tu coraje? y ¿Cómo no continuar? ¡Piénsalo!

Comentarios/ Planes Para Mí:

_____

_____

_____

_____

_____.

BONO

¿De qué se trata este bono especial para ti? De seguir ayudándote y proveyéndote herramientas beneficiosas para que despiertes y balancees tu energía. Te daré unos **Mudras y Mantras**. ¿Qué son mudras y qué son mantras? Pues lo primero son gestos que se hacen con nuestras manos para lo que te he venido diciendo: despertar, sanar y transformar la energía de nuestro cuerpo positivamente. Los mantras tienen el mismo fin, pero es por medio de los sonidos. Lo mejor de todo es que son posiciones y sonidos sencillos que te ayudarán siempre que lo quieras. Ya has escuchado que el amor es energía, por eso no se acaba, sino que se transforma. Lo mismo pasa con nuestra energía corporal. Te preparé una tabla que encontrarás luego de este párrafo donde te enseño la posición de manos adecuada para cada chakra con su sonido respectivo para que los actives y sientas el poder que guardan unas manos bien usadas. Te recuerdo que puedes realizar esta práctica cuando la sientas necesaria o te recomiendo mientras medites; al comenzar y al finalizar. Como te he venido escribiendo, no diciendo en este caso, te doy esos consejos que no me has pedido y dentro de ellos te ofrezco varias opciones para que elijas lo que mejor se acomode a ti y a tu estilo de hacer las cosas. Me despido por ahora esperando seguir aconsejándote. ¡Mucha Suerte!

MUDRA	¿CÓMO?	CHAKRA	MANTRA
	Manos frente al estómago. Todos los dedos entrelazados y los meñiques apuntando hacia arriba.	CORONA	OM ASÍ: "OMMMMMMM".
	Manos frente a la parte inferior del pecho. Los dedos del medio permanecen apuntando hacia arriba y el resto doblados en la primera articulación.	DEL TERCER OJO	SHAM ASÍ: "SHAAAAAAAM".
	Manos frente al estómago. Los dedos pulgares tocándose y el resto entrelazados.	DE LA GARGANTA	HAM ASÍ: "HAAAAAAAM".
	Mano derecha con los dedos pulgar e índice tocándose y situados en el corazón. La mano izquierda haciendo lo mismo, pero en la rodilla.	DEL CORAZÓN	YAM ASÍ: "YAAAAAAAM".
	Manos entre el corazón y el estómago apuntando hacia adelante y los dedos pulgares uno encima del otro.	DEL PLEXO SOLAR	RAM ASÍ: "RAAAAAAAM".
	Manos encima del regazo con los dedos pulgares tocándose y la palma derecha descansando encima de la palma izquierda.	SACRO O SACRAL	VAM ASÍ: "VAAAAAAAM".
	Dedos pulgares e índices tocándose. Manos puestas encima de las rodillas.	RAÍZ	LAM ASÍ: "LAAAAAAAM".

Imagen de Mudras, Chakras y Mantras.

¡Hasta la Próxima!

NOTAS IMPORTANTES

Decreto que aplicaré y aprenderé todo lo conveniente para mí de este libro y veré resultados favorecedores en mi vida porque merezco ser feliz.

_____

_____

_____

_____

_____

_____

_____

_____

_____

_____

_____

_____

_____

_____.

CRÉDITOS

Imagen 1:
    Crédito de Imagen: MarCuesBo vía Pixabay.

Imagen 2:
    Crédito de Imagen: Jordan_Singh vía Pixabay.

Imagen 3:
    Foto por Génesis Mercado
    Crédito de Imagen: Génesis Mercado

Imagen 4:
    Crédito de Imagen: KELLEPICS vía Pixabay.

Imagen 5:
    Crédito de Imagen: susan-lu4esm vía Pixabay.

Imagen 6:
    Crédito de Imagen: catsfromspace vía Pixabay.

Imagen 7:
    Crédito de Imagen: Bessi vía Pixabay.

Imagen 8:
    Crédito de Imagen: DG-RA vía Pixabay.

Imagen 9:
    Crédito de Imagen: Ezequiel_Octaviano vía Pixabay.

Imagen 10:
    Crédito Imágenes de Mudra: Génesis Mercado
    Crédito de Imágenes de Chakra: geralt(1,4,5,6,7) y Wortflow(2,3) vía Pixabay.

Printed in the United States
by Baker & Taylor Publisher Services